老後をリッチにする家じまい

一戸建て、売り逃したら負動産

弁護士・税理士 長谷川裕雅

イースト・プレス

老後をリッチにする家じまい

――一戸建て、売り逃したら負動産

はじめに

若い頃、「終《つい》の棲家《すみか》」として購入した憧れのマイホームが一変して「一戸建て地獄」に陥ってしまう。そんなことが、現実に次々と起こっている。

超高齢化社会になったというのに、いまだに日本では、「老後」（セカンドライフ）をどのように幸せに過ごすかというモデルが確立されていない。そのため、悩んでいる方は非常に多いと思う。

本書では、そんな方々とご家族、特に一戸建て住宅にお住まいの方々のために、幸せになれる一つのプロセスを提示してみたい。それは、家の問題を中心として、どうすれば、快適な老後を過ごせるか、そして最終的な居所を見つけられるか、さらに、心残りなく人生を閉じられるかということである。

この問題について読者の方々と一緒に考え、解説していきたい。

筆者は、すでに『磯野家の相続』（すばる舎、２０１０）など一連の著作で、この問題に取り組んできている。誰もが知っているように磯野家は旧時代の家族モデルである。現在の日本では磯野家のような大家族はほとんど存在しないし、また、あのような家族愛に満ちたほのぼのとした日常生活は永遠には続かない。にもかかわらず、人間誰しも、家族のなかで幸せに人生の後半を過ごしたいと思っている。

ところが、現在の日本の社会システム、住宅事情はそれを許さない。セカンドライフを迎えた途端に、一戸建てが不幸の温床になってしまうのだ。

相続財産の中で、一番厄介《やっかい》なものは不動産である。特に、一戸建てにまつわるトラブルが跡を絶たない。マンションではなく、一戸建てで問題が起きる。

子どもが独立し、自身たちもリタイアした後において夫婦二人で一戸建て住宅に暮らしているケースが多く見られるが、そのほとんどが近い将来トラブルに見舞われることになる。まず介護の問題（老老介護）。続いて、相続の問題。そして、売却の問題。この三つの問題が次々に襲《おそ》ってくる。

相続トラブルは年々増えている。相続トラブルというと、資産家の話と思われがちであるが、実はそれほど遺産がない、いわゆる一般の家庭のケースが一番多い。特に、遺産が一戸建て住宅だけというケースでは、親子で、また子ども間で遺産分割をめぐっての争いがほぼ確実に起きる。

また、一戸建ては規格品であるマンションと異なり、設計段階で多大な労力を割くことになり、リフォームにしてもフルオーダーになる。そのため、愛着がわくのか、手放したがらない方が多い。しかし、いくら愛着があったとしても、築年数を重ねれば家屋の価値はゼロに等しくなり、維持管理の負担だけがかかることになる。地価も大幅に下落することが予想されることから、マイホームを手放すなら早いうちに動くべきだろう。

本書では、一戸建てのトラブルの実例を紹介しながら、思い切って売却することを勧《すす》めている。これは、人口減で住宅余りが進む現実を見れば、極めて合理的なことであり、実際、すでに多くの方が実践している。２０２０年の東京オリンピック開催後においては、日本の景気も低迷することが予想され、マイホームを売れるうちに売り、それによって得たお金で充実したセカンドライフを手に入れることは可能だ。

もし、何も手を打たないで伴侶に先立たれたりした場合、遺産相続で確実にもめる。一戸建てにいつまでも住み続けるのはメリットよりデメリットの方が大きい。

一戸建ての売却によって「幸せなセカンドライフ」を手に入れることを筆者は「家じまい」と呼んでいる。「家じまい」は、家をしまうことだけに留まらない。いずれ人生もしまわなければならない「身じまい」も含めて、「家じまい」と呼ぶことにする。
すでに、著者は「家じまい」というサイトを立ち上げ、この問題に取り組んでいる。
＊家じまい→http://iejimai.com/

賢い「家じまい」ができれば、幸せな「身じまい」もできる。「家じまい」が早くできれば、介護の問題や相続の問題は回避され、安心・安全かつ幸せな老後を手に入れることが可能だ。
本書を参考にして、ご家族で話し合っていただければ、筆者として幸いである。

２０１７年10月

弁護士・税理士　長谷川裕雅

老後をリッチにする家じまい
——一戸建て、売り逃したら負動産

目次

はじめに 3

第1章 幸せな老後の条件とは? 15

1.「幸せな老後」の基盤は「健康寿命」にあり 16
2. 老後の住環境に必要な3ポイント 20
(1)外出がストレスにならない立地環境 21
(2)老後に可能な日常家事能力に合わせた住まいづくり 22
(3)安心安全な住環境 23
3. 金銭トラブルを抱えない 26

第2章 「一戸建て地獄」という現実 29

夢のマイホームが「一戸建て地獄」に 30
【ケース①】子どもが独立して夫婦二人だけ、老老介護に 33
バリアフリー化とコンパクト化の必要性 37
コラム① 介護疲れで…悲劇に 42

【ケース②】売却して老人ホームへと思ったが買い叩かれる 43
【ケース③】一戸建てで起こる孤独死・看取る人さえいない 46
【ケース④】ご近所トラブル――隣家の旦那が怒鳴り込んでくる 48
コラム② 世田谷立てこもり事件 51
【ケース⑤】エアコンをつけずに熱中症で死亡した三姉妹 52
コラム③ リフォーム詐欺「気づいたら6000万円」 54
コラム④ 表札に不審な記号があったら要注意 55
【ケース⑥】相続が「争続」に！ 親子・兄弟間で大もめ 57

第3章 賢い「家じまい」の仕方 63

1.「家じまい」から始まるセカンドライフへの準備 64
2.「家じまい」(住み替え)の難しさ 68
3.売却と購入を並行して進める 69
(1)不動産会社との媒介契約 71
(2)不動産会社を通しての売却 74
(3)売却(住み替え)の手順 75

コラム⑤ 売却時に有利？ 地盤調査と土壌汚染調査 78
4. 売却時に必要なコスト・税金 80
5. 仲介業者の選び方 83
6. 仲介業者を代えたい 87
7. 媒介契約でよくあるトラブル事例 93
(1)専任媒介契約中に親戚が買いたいと言ってきた 93
(2)買主のローン審査落ちでキャンセルされたら、仲介手数料を請求された 94

第4章 快適な「住み替え先」の見つけ方――97
1. マンションに住むメリット 98
2. マンションの選び方、見分け方のポイント 101
3. 新築か中古か築年数以外にも違いが多い 104
4. 管理会社の管理の質もチェック 106
5. 大規模か小規模か 107
6. 管理会社によるサービスの充実 108
7. 購入時に必要な諸費用と税金 109

8．マンション購入のステップ　110
コラム⑥　損害保険もチェック　112
9．高齢者住宅も動けるうちに見ておこう　114
（1）有料老人ホーム　117
（2）様々なサービスが受けられるサ高住　122
（3）シニア向け分譲マンション　124
コラム⑦　高齢者住宅の基本Q＆A　128

第5章　どうしたらよい？「身じまい」

131
1．カーシェアリング　132
（1）自動車の重要性　132
（2）一度試してみることが重要　135
2．訪問介護サービス　136
3．生命保険を活用した相続対策　137
（1）〝争続〟対策　138
（2）相続税対策　138

（3）相続放棄しても受け取れる　139
4．遺言の作成　140
（1）今すぐ確認！　もめるパターン11例　140
（2）遺言でやってはいけないこと、やるべきこと　150
（3）将来の争いを避けるために今すぐやるべきこと　155
5．葬儀・お墓　160
（1）葬儀の種類　160
（2）葬儀社の選び方　161
（3）墓じたく　164
（4）永代供養墓とは　166
（5）散骨も大変　168
（6）墓石にも個性がある　169
コラム⑧　デザイン墓　170
（7）お墓選びの注意点　171
（8）契約の流れ　172
（9）葬儀・お墓に関するトラブル　174
（10）葬儀・お墓の費用の準備　175

6. 遺品整理 177

第6章 法的観点から見た「家じまい」 181

1. 法律面からも「家じまい」は必要 182
2. 遺産分割時に分割しやすくなる 184
(1)不動産は生活の基盤、人生が決まる 185
(2)東京一極集中の結果、実家の不動産はお荷物に 185
(3)個性満載の結果、売りにくく貸しにくく、相続されにくい 186
(4)もらいたくない、売るに売れない 188
(5)実家不動産の共有を回避せよ 189
3. マンションに買い替えた方が相続税で有利 193
(1)本当に使えるのか？ 小規模宅地等の特例 193
(2)マンションなら節税効果が即確定 198

おわりに 202

装丁・デザイン　三田村邦亮
プロデュース　山田順
本文ＤＴＰ　川端光明
編集協力　メディアタブレット
カバー写真　空き家バンク

第1章

幸せな老後の条件とは?

1.「幸せな老後」の基盤は「健康寿命」にあり

「家じまい」について説明する前に、まず、「幸せな老後」について考えてみたい。誰もが「幸せな老後を送りたい」と考えている。そして幸せな老後を送るにあたり、やはり十分な「お金」が必要だと思っている。しかし、お金と同じぐらい、いや、もしかするとお金以上に大事なものを忘れてはいないだろうか？　それは言うまでもなく、「健康」である。

いくらお金があっても、「健康」でなければ当然美味しいものも食べられないし、趣味や娯楽を楽しむこともできなくなる。旅行なんてもってのほかである。健康に問題があると、以前は楽しいと思っていたことが億劫《おっくう》になり、むしろ辛いと感じるかもしれない。

仕事を引退して第一線から退き、バラ色のセカンドライフが待っているはずだったのに、一瞬にして灰色に見えてしまう。自然と「健康なときはよかった」と考え、健康であったことのありがたみを噛《か》み締《し》めることもあるだろう。

何気ない日常生活も健康状態によって制限されてしまっては、生活の質そのものが低くなってしまう。その結果、「不幸せな老後」を迎えてしまいかねないのだ。

厚生労働省が平成28年に実施した『国民生活基礎調査』によると、健康状態が「よくない」「あまりよくない」と回答した人の割合は、50歳から59歳では男12・0％、女13・7％、60歳から69歳では男14・7％、女14・1％、80歳以上になると男32・3％、女35・0％と、高齢になるにつれ健康状態のよくない人が増えていくことがわかる。そして、日常生活において自分で身の回りのことさえ満足にできなくなり、いずれは介護による助けを求めなければならなくなる。

そこで、注目してほしいのが「健康寿命」だ。

読者の中には、この用語をテレビやニュースなどで耳にされた方も多いのではないだろうか。「健康寿命」とは、家族の助けを借りずに日常生活を送れる期間のことだ。つまり、寝たきりなど健康上の問題がなく、介助や介護などを必要とせず、自らの力で買い物や家事を行うなど身の回りのことができたり、趣味を楽しんだりすることができる期間ということである。いったい、いつまで私たちは健康で生きられるか？ その寿命が「健康寿命」である。

この健康寿命は、2000年に世界保健機関「WHO」が世界に提唱した指標で、平均寿命より重要である。なぜなら、健康寿命は、平均寿命から衰弱・病気・痴呆《ちほう》などによる介助・介護の期間を差し引いた期間だからだ。平均寿命に比べて、健康寿命が短く、その差が大きいと、それだけ寝たきりになったり、介護を必要としたり、自立が失われた状態で生活する期間が長くなることを意味する。一方、平均寿命と健康寿命がそれほど大差ないと、寿命の直前まで自立して生活することができ、介護される期間が短いことになるのだ。現在の高齢化社会においては、人間らしく「幸せな老後の生活」を暮らすための指標として、平均寿命より、健康寿命の方がよりいっそう注目されている。

そこで、日本の健康寿命を見てみると、近年、男女ともに世界トップクラス（70歳代前半）を維持している。ところが、実際の介護の現場では、高齢者一人あたりの介助・介護を必要とする期間が短くなっているというわけではないようだ。

つまり、平均寿命の水準のわりに健康寿命が短く、老後の長い時間を要介護の状態で過ごしている高齢者が多いということになる。

内閣府の『平成29年度版高齢社会白書』によると、日本男性の場合、平成25年（2013年）時点において、平均寿命80・21歳に対し健康寿命は71・19歳であり、その差は、9・02歳。一方、日本女性の場合は、平均寿命86・61歳に対し健康寿命は74・21歳であり、その差は12・4歳であった。次の**【図表1】**が、そのグラフである。

医療が高度に発達し、健康ブームによって健康志向が高まる現代の日本は、世界トップクラスの長寿国家だ。医療の進歩や健康志向の高まりが平均寿命、健康寿命それぞれを延ばすことに大いに寄与しているのは事実である。

そのこと自体は喜ばしいことなのだが、平均寿命が延びた、健康寿命が延びたということを手放しで喜べないのも事実だ。残念ながら、健康寿命の延びは、平均寿命の延びに比べて小さいのだ。

［図表1］健康寿命と平均寿命の推移

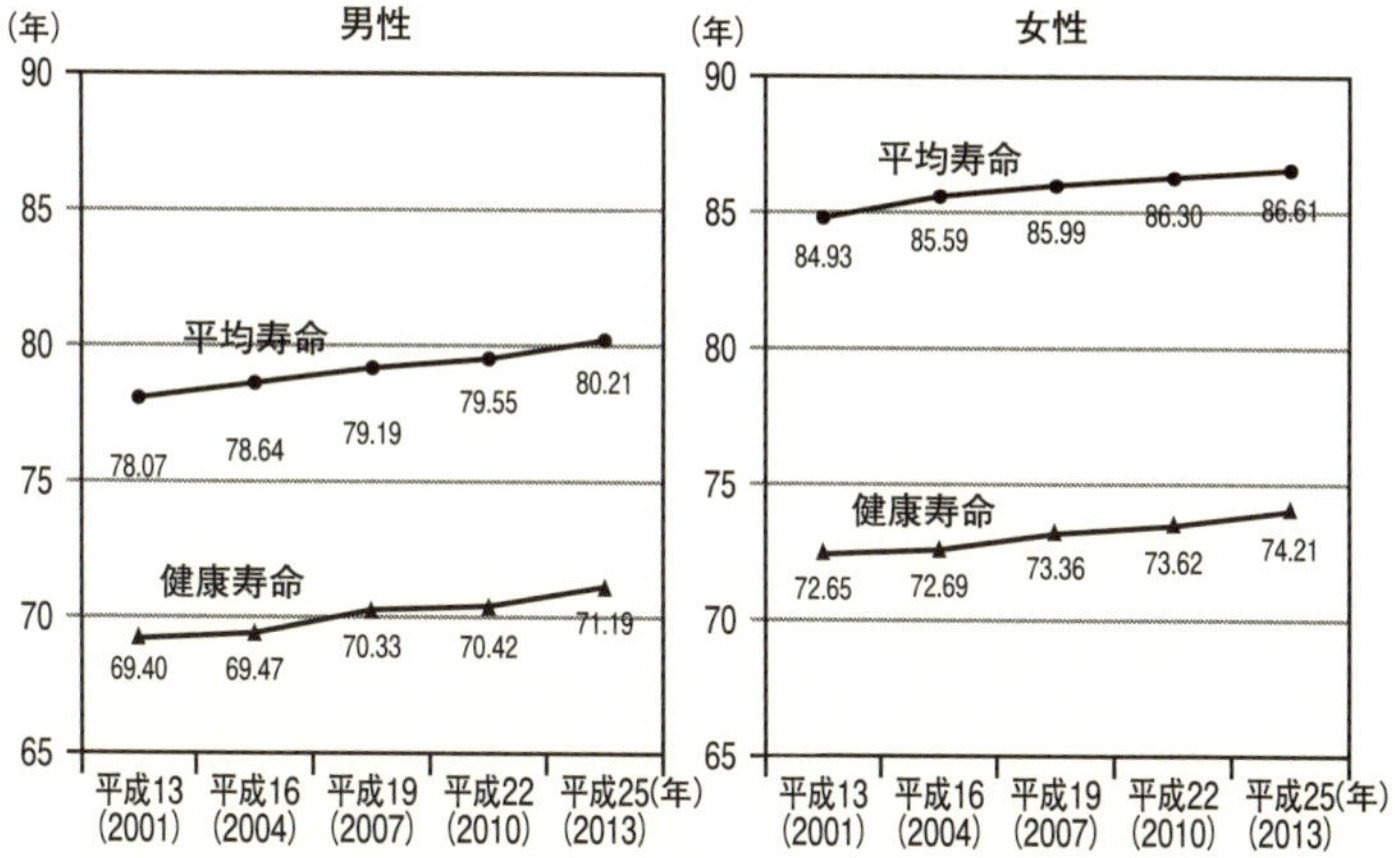

出典：内閣府『平成29年度版高齢社会白書』

私たちは、寝たきりや介護を必要とする状態で長期間過ごすことになる可能性が高いことを知っておかねばならない。幸せな老後を送るためには、健康を人任せにせず、自分自身でできることを早めに取り組んでおくことが賢明だ。

欧米諸国や中国などのなかには、日本より平均寿命や健康寿命が短い国もあるが、平均寿命と健康寿命の差は平均7年前後といわれ、日本よりその差は小さい。日本もこうあるべきなのだが、悲しいかな現実はそうではない。そこで、私たちはなんとかこの差を小さくし、幸せなセカンドライフを送る方法を自ら考えなければならない。

健康寿命をできるだけ延ばし、平均寿命とのギャップを短くする。その解決策の一つとして、まず、住環境から考えてみるべきである。従来の老後の暮らし方ではなく、さらに一歩踏み込んで、

「老後のマイホーム」に関して考え方を見直すことが求められている。

さらにいえば、老後を快適に過ごすにあたって不向きな一戸建ては処分して引っ越すべきである。なぜなら、加齢とともに、快適な住環境が変わってくるからだ。高齢になればなるほど、体力も気力も衰えていく。となると、昨日まで快適だった環境も明日も同じように快適とは限らなくなる。

マイホームである一戸建てはまさしく暮らしの中心であり、生活そのものに非常に大きな影響を及ぼす。引っ越しを経験された方には共感してもらえると思うが、引っ越し前と引っ越し後では暮らしそのものがガラリと変わったと感じるものだ。このような暮らしへの影響力のあるマイホームを、老後の生活を前提として見直す必要があるのだ。

そこで、なぜ一戸建てが「幸せな老後」に不向きなのかについて、次に述べてみたい。

2. 老後の住環境に必要な3ポイント

健康寿命を考えたとき、私たちは「家」に何を求めるべきであろうか？　それは、間違いなく、自身の健康状態に合った暮らし方ができるかどうかだろう。この点を考えると、一戸建てほど不便なものはないのではなかろうか？

(1)外出がストレスにならない立地環境

歳をとっても、人間は毎日のように外出する。特に、外出して仲間と会って話したり、笑ったりするなど、外部との関わりそのものが健康に大きく寄与し、健康長寿につながる。しかし、食事や買い物などで外に出るのが億劫となるような住環境では、外出への大きな障害となりかねない。

特に、加齢により身体機能が低下したり、体力が衰えたりするなどの身体的な変化により、今まで自分一人で簡単にできていたことができなくなると、精神面や身体面で大きな不安が生じ、外出への障害となる。

さらに住環境も外出しにくいとなると、積極的な外出は望めない。

郊外に一戸建てを持つ老夫婦。運転も心もとなくなったので、これまで普段の足に使っていた自家用車を手放し、買い物、病院その他の外出は、バス・電車・タクシーといった公共交通機関を利用することにした。しかし、最寄り駅まではバスで30分。バスでの移動が大変なので、専らタクシーを利用することに。そして数年後、この老夫婦の外出機会はめっきり減り、以前の明るい笑顔は消えていった。

この老夫婦は、タクシーを電話で呼び、また、自宅への帰りもタクシーを利用するうちに、タクシーを呼ぶのが億劫だ、使うのは勿体《もったい》ないと感じるようになったという。その結果、外出機会がだんだんと減少し、自宅で過ごすことが多くなってしまった。

外出の頻度が低くなると、認知症のリスクが3～4倍になるといわれている。また、外出するなどして定期的に体を動かさないと、運動機能が低下し、自宅に閉じこもって寝たきりになってしまう高齢者は少なくない。

まず「家」に求めるものは、外出がストレスにならない立地環境であろう。

(2)老後に可能な日常家事能力に合わせた住まいづくり

次に、住まいそのものが健康を維持しうる仕様でないと、居住している高齢者も到底健康を維持することはできない。

お住まいの一戸建てを点検してみてほしい。天井や壁紙にシミがあれば、カビの繁殖に気をつけねばならない。そのまま放置すれば、カビが繁殖して家が傷み、ひいては住人である自分自身が病気にもなりかねない。カビを除去して掃除するにしても体力が必要だ。

また、住まいの広さや設備は、将来の老後を考えたときに適切だろうか?

高齢者からは「大丈夫だろう」とか「何とかなる」という言葉がよく聞かれる。このような曖昧《あいまい》な考えにこそ危険が潜《ひそ》んでいるのだ。

多くのシニア層は、体力のある今の自分を基準に住環境の適否を考えがちである。身体面の年齢的な衰えは、想定外に進行するおそれがある。気づいたときにはすでに時遅し。まずは、今までの独自の基準を捨て、自分の両親や身の回りの高齢者の例を参考にして、住環境を考え直さなければならない。考え過ぎるくらいが丁度よいといえるだろう。

例えば、日々の掃除を例に考えると、住まいのスケールダウンを検討すべきである。特に、階段の上り下りが難しくなって使用しなくなった2階などは、使用したり掃除したりすることなく放っておくと、利用価値がないというだけではなく、家が傷む原因にもなる。

身体能力の変化に合わせて住まいを見直さなかった場合、できると思っていた家事ができなくなる。できなくなると自然と家事範囲を狭めてしまい、家の中で動かなくなる。これが長期間続くと、寝たきりになる。まさに悪循環である。

一戸建てを購入した頃の身体能力ではなく、加齢が進んだ将来の身体能力に合わせて、日々の生活をイメージし、可能な日常家事能力に合わせた住まいづくりをしなければならない。

つまり、次に「家」に求めるものは、老後に可能な日常家事能力に合わせた住まいづくりであろう。

(3)安心安全な住環境

最後に、健康というのは安心安全な住まいによって成り立っていることを忘れてはならない。

安全安心な住まいという面で、高齢者の事故の77・1%は自宅内で発生しているという事実は注目せざるを得ない。そのうちの実に半数近くは居室内での事故だ。

高齢になると筋力が低下し、足が上がらなくなって少しの段差でつまずいたり、床に広がっている新聞紙、広告、雑誌に足を滑らせたり、電気コードに足を取られたりして転倒するケースが多い。転倒が原因で骨折を引き起こし寝たきりになる高齢者も多い。

次に、階段での転落。転落事故は重症化するケースが多く、実際に死亡するケースまで起きている。転倒事故や階段での転落事故が重症化する傾向にあるのは、回避運動能力が低下しているからに他ならない。これは、他人事ではなく、高齢者全員に起こりうることなのだ（国民生活センター『医療機関ネットワーク事業からみた家庭内事故―高齢者編―』平成25年3月発表）。

安心安全を求めるのは、何も家の中だけではない。

高齢者は、犯罪者のターゲットになりやすいのだ。

一戸建ては、死角になる場所があったり、窓・ドアの数が多いなど侵入可能な箇所が多かったり、防犯設備が古いため、セキュリティ面で不安がある。特に、高齢者のみが一戸建てに住んでいるというケースでは、身近に頼れる家族や知人がいないことが多く、犯罪者のターゲットになりやすい。そのため、防犯性能の高い窓ガラス、シャッター、二重ロック、人感センサー付き照明の設置など対策を講じる必要があるが、新たに設備を導入しようとすると多額の費用がかかり、躊躇《ちゅうちょ》してしまうようだ。

内閣府の『平成27年版高齢社会白書』によると、警察の働きなどにより、社会全体の犯罪被害件数は年々減っているものの、高齢者の犯罪被害件数は減らず、犯罪被害件数全体を占める割合はむしろ増加傾向にあるようだ。また、平成26年度中に都内で発生した侵入窃盗において、発生場所として最も高かったのが一戸建て住宅であった。いかに一戸建てが狙われやすいかがわかる統計結果となっている（警視庁ホームページ『平成26年度中の侵入窃盗の傾向』より）。

また、近所とのトラブルもあるだろう。トラブルがストレスとなり、その結果外出できず、寝たきりになってしまうケースもある。記憶している読者も多いと思うが、ニュースなどの報道でも取り上げられ有名になった〝騒音おばさん〟のような隣人が住んでいたら多くのトラブルを抱えることになるだろう。

そこまでいかなくても一戸建ての場合、隣家との間で騒音、悪臭などのトラブルがつきものであるが、高齢者の家庭では子どもが独立しているために身近に相談できる家族がおらず、高齢者自身がそのトラブルの矢面に立って、これを処理しなければならない。

体力的にも劣る高齢者にとって、それは非常に酷《こく》なものとなるだろう。

心身ともに健康な状態で日常生活を送るため、最後に「家」に求めるものは、安心安全な住環境である。

3. 金銭トラブルを抱えない

「幸せな老後」に向けて、健康管理はもちろん重要だが、お金に関する問題もある。老後を充実したものとするためには、ある程度の資金が必要となる。趣味に興じたり、美味しいものを食べたりするにはある程度お金が必要である。

また、転倒骨折からの寝たきり、脳梗塞《のうこうそく》を発症しての長期リハビリ、末期がんに罹患《りかん》しての先の見えない闘病生活など、いつ自分の身に病気や怪我などの災難が降りかかるのかは誰も予測できず、これらは突然やってくる。高齢になればなるほど、病気や怪我のリスクは高まり、医療費もそれだけ多くのしかかる。そのため、多くの人が「老後の医療費」に関して漠然とした不安を抱えて生きている。

厚生労働省が発表した『平成25年度国民医療費の概況』によると、男性の生涯医療費は約2400万円となっており、このうち65歳以降にかかる医療費はなんと約1600万円にものぼる。もちろん、これには健康保険などの公的保険の補助額は入っていない。つまり、65歳を超えた時点で、前記した男性平均寿命の約81歳まで生きるとしたら、実費では約1600万円の蓄えが必要ということだ。もっとも、日本には「国民皆《かい》保険制度」があるので、実際にはここまでのお金はかからない。

公的健康保険では、70歳未満の人の医療費の自己負担は3割。70歳以上の人は、一般的な収入の人なら1割（2014年4月2日以降に70歳になった人からは2割負担。後期高齢者とされる75歳以上の人なら自己負担は1割）である。こうしたことを加味して計算すると、平均寿命まで生きたと仮定して、実際に必要な医療費は多くても300万円となる。

ただし、手術で入院治療が必要ながんなどの大病をした場合や、糖尿病などの慢性疾患《しっかん》に罹患した場合には負担額が増える。がんの場合、入院・手術となれば、実際の医療費はすぐに100万円を超えるので、公的健康保険を使って医療費の1〜3割を負担したうえで、高額療養費制度を使って支払い上限額を払うことになるが、それでもかなりの負担となる。このように医療費負担が大きくなり、年金だけでは暮らしていけない「下流老人」が増加している。

そのため、幸せな老後に向けては、やはり、元気で健康なうちから資金調達することが必要となる。また、一方の配偶者が死亡した際に、子どもたちによる相続争いが生じてしまうと、残された配偶者としては幸せな老後にひびが入り、家族の間に修復不可能な溝ができ、孤独な老後となってしまう恐れがある。これでは子どもからの援助は見込めない。そのためにも、やはり資金調達は必要となる。

本書で提案する「家じまい」は、実は、この資金調達の一つの手段であり、一戸建てから老後生活に適したマンションに「住み替える」ことで、幸せな老後に近づけるのだ。

第2章

「一戸建て地獄」という現実

夢のマイホームが「一戸建て地獄」に

20歳代から40歳代に「終の棲家」として購入した憧れのマイホーム。購入するときは、マイホームに虹色の夢を抱いたのではないだろうか。ほとんどの人が「一生住むもの」と考えて、夢を詰め込んだ一戸建てを購入する。「一生に一度の買い物だから」と、自分の理想とこだわりを求めて少し無理をしてでも一戸建てを購入し、長年ローン返済に苦しんだ方も多いであろう。

実際、マイホームは、結婚、出産、転職を機に購入するなど、人生の節目で購入することが多く、その購入年齢も30歳代が最も多いようだ。現在一戸建てにお住まいの50歳代から70歳代の方々も、その多くが20～30年前に購入し、長年その一戸建てで快適に暮らし、その暮らしの中で色々な人生ドラマがあったのだと思う。住宅ローンを組んで購入した場合は、年収の多くをローンの返済に充《あ》てるなど、マイホームは一生をかけて働いた汗と涙の結晶といっても過言ではない。

マイホームは夢の集大成であり、また、長年苦しんででも手に入れたものであるからこそ、特別な存在なのだ。マイホームへの思い入れが大きいのは当然である。その思い入れの大きさからか、自宅で最期《さいご》を迎えたいという高齢者が多いのも事実である。

内閣府が全国の55歳以上の男女を対象に行った『高齢者の健康に関する意識調査』（平成24年）によると、「最期を迎えたい場所」として「自宅」を希望している人は、54・6％と最も多かった。

男女別で見てみると、男性が女性に比べ約14％高く、男性の方が自宅志向の強いことが見えてくる。住み慣れた「自分のモノ」であるマイホームで人生の最期を迎えたいという考えは、昔も今も変わらないのだろう。

たとえ不治《ふち》の病《やまい》で入院していても、最期を迎えるにあたっては、できる限り病院やホスピスではなく自宅を希望し、退院する方も多い。マイホームとは、人の拠り所《よどころ》として極めて特別なものなのだ。

その一方で、興味深い統計がある。

株式会社矢野研究所の『シニアの住まいに関するアンケート調査結果2013』によると、シニア層における現在住んでいるマイホームからの住み替え意向について、「住み替えたい」という積極的に住み替えを希望する回答は全体的に少なかったものの、「将来的には住み替えも考えたい」「住み替えも考えたいが住み替えられないと思う」といった潜在的な住み替え需要は合計して全体の40％強に達するという。

購入時は「終の棲家」と考えていたマイホームも、年月が経ち、今の住宅に不安を覚え、住み替えが必要であるのではないかと気づき始めるシニア層が多いようだ。

シニア層の住み替え先の条件としては、全体として、「駅・病院・役所・買い物等の場所が近く、利便性が高い場所」が61・0％と最も多く、次いで「耐震性が強いなど防災性に優れた住まい」が29・8％、その他「掃除・手入れに便利でコンパクトな住まい（広すぎない）」「現在の居住地と同じエリア」などが多かった。

これまで長年住んできた自宅の老朽化に加え、自身の高齢化に伴う体力や身体能力の低下を避けることはできないから、高齢者が今後の日常生活を快適・安全・便利に暮らせるような住み替えが期待されているのだ。

マイホームを購入するときには最重要視せず、多少の不便・不都合は目をつぶっていた「駅やバス停まで近い」、「病院やスーパーが近い」、「掃除などの手間が最小限で済む」、「敷居の段差がない」など、利便性、コンパクト性、バリアフリーが、高齢になると強く求められることになる。

また、マイホームの購入時とは異なり、近年の震災の影響から耐震性への関心も高く、住み替えをする際の重要な要素として加わったといえる。

一方で、住み替えの必要性を感じ始めたシニア層であっても、すぐには住み替えない、または住み替えられないと考えており、住み替えに向けた一歩がどうしても踏み出せずに、躊躇している感もあるようだ。やはり、マイホームへの思い入れが強いのだろう。その思い入れが二の足を踏ませているのかもしれない。

基本的に、シニア層は住み替えに対して消極的なのだ。

しかし、住み替えの必要性を重く受け止め、誰かが背中を押してくれるなら、消極的であったシニア層も、住み替えに向けて一歩を歩み出せるのではないだろうか。

そこで、この章では、漠然としている住み替えの必要性を読者の方々に認識してもらえるよう、「一戸建て地獄」と称して具体的に一戸建ての危険性やリスクについて、ケースを提示しながら紹介したい。「一戸建て地獄」といわれると、まさかと首をかしげる方も多いかもしれないが、実際には、本当に地獄のようなことが起こっているのだ。

【ケース①】子どもが独立して夫婦二人だけ、老老介護に

結婚し子どもが生まれて、郊外に夢のマイホームを手に入れる。人生において「一人前」と認められるための条件とされてきたことである。やがて子どもは、進学や就職で自宅から巣立っていく。そして、仕事も徐々に第一線から退き、数年後にリタイアとなれば、夫婦二人だけの悠々《ゆうゆう》自適なセカンドライフがやって来る。

そう思っていた東京郊外に在住の典型的な専業主婦A子さんは、頼れる夫が50代半ばで脳梗塞を患《わずら》い倒れてしまった。

営業職として接待の名のもとに暴飲暴食を長年続けたことがたたったのだろう。一命を取り留めたが、介護が必要となった。しかし、子どもの手助けを受けるわけにはいかない。すでに家庭を持ち、仕事の関係で遠い土地で頑張っている。仕事を辞めて戻ってきてほしいとも言えない。A子さ

んは、今、一人で懸命に夫の看病を続けている。このような状態に置かれると、夢のマイホームは二人暮らしには不便過ぎる。何しろ、介護をしながらの家事は大変だし、買い物に出るにも近所にスーパーはない。夫を置いての遠出は一切できなくなった。

A子さんの場合は、まだまだそうとはいえないが、いわゆる介護が必要な高齢者を65歳以上の配偶者などが介護する「老老介護」のケースは、近年、急速に増えている。つまり、A子さんのようなことは、今後、多くの家庭が経験するのだ。

例えば、埼玉県在住の50代後半の男性Bさん。子どもの独立後、妻が痴呆症《ちほうしょう》を発症してしまった。最初のうちは仕事と妻の介護を両立させていたが、痴呆の症状が進み重度となると、妻の介護に専念せざるを得なくなり、さんざん悩んだ挙句、仕事を辞めざるを得なくなった。

A子さんもBさんも、どちらも「老老介護」の予備軍といえるが、郊外一戸建てに住む夫婦の多くは、子どもが独立してしまうと、夫婦二人きりの生活になる。そして、歳を重ねれば、どちらかが先に健康を害すことになる。

そのとき、一戸建てのマイホームは「地獄」に変化してしまう。

介護保険制度における要支援・要介護の認定を受けた者は、平成15年（2003年）度末に370・4万人であったが、平成26年（2014年）度末で591・8万人となっており、221・4

万人（約160％）も増加している。

特に、75歳以上の被保険者のうち要支援・要介護の認定を受けた人の割合を見ると、要支援の認定を受けた人は9・0％、要介護の認定を受けた人は23・5％となっており、約3割以上が認定を受けていることになる（内閣府『平成29年度版高齢社会白書』）。

日本は「長寿大国」といっても、その内実をよく見ると、よいことばかりではないようだ。

また、要介護者などから見た主な介護者の続柄を見ると、6割以上が同居者となっている。その内訳は、配偶者が26・2％と最も高く、次に子が21・8％、子の配偶者が11・2％となっている。性別を見ると、男性が31・3％であるのに対し、女性が68・7％と多くなっている。現代社会において、配偶者による老老介護が増えるのは仕方がないのかもしれない。

介護者を精神的に追い込んでしまうのは、介護離職してしまった場合だ。介護者である夫が、仕事と介護との両立が難しくなり、仕事を手放すというケースである。

周囲や仕事仲間は、愛妻家だと賞賛してくれるものの、実態はそんな生やさしいものではない。介護だけが生きがいということになるが、一人で介護の問題を抱えるとなると、心身ともに疲労困憊し、経済的に苦しくなるだろう。精神的・肉体的に辛くとも介護をやめることができない。目の前のことに追われる毎日。将来の展望などまったくなくなり、ボーっと空を眺めてしまう。友人とも疎遠になり、より孤立を深めることになる。他人の目が一切ないので、行動にブレーキがかからず、妻は管理されて夫の言いなりになってしまう。支配者となった夫が苛立《いらだ》つと、介護放棄や暴力へと転じる最悪の結果を招くことになる。実は、まじめで完璧主義の人ほどこうした事態に陥りやすいという。

さらに、近年見られるのが高齢の夫婦のみで構成される高齢者世帯の老老介護だけでなく、2世代同居をしている世帯での老老介護である。

例えば、90歳近い母親の介護を65歳の娘がするという老老介護のケース。今増えているケースだ。高度経済成長期に専業主婦として過ごした母親は、自分は自由に生きられず、自己実現なんて夢のまた夢であったという無念さがあることも。その思いを「あなたのために生きてきたのだから、あなたは私の面倒を全部引き受けるべきだ」と娘にぶつける母親。娘は「自分が面倒を見なくては。他人に任せられない」という心理状態に陥り、母親の介護問題を一人で抱え込んでしまう。これが介護地獄を招くのだ。

高齢者同士で介護をするのは並大抵の苦労ではない。

一般的に、高齢になればなるほど身体の自由は利かなくなり、介護者自身の肉体的な負担が増加する。プロの介護士でさえ、腰痛が職業病の一つといわれるほど身体への負担が大きいという事実から、介護者が高齢者の場合の介護の大変さは容易に想像できるだろう。

大柄の夫の介護は、24時間、365日休みなし。妻のエネルギーは奪われ続け、さらに老け込んでいく。しかし、子どもはもちろんのこと、他人にも助けを求めることに負い目を感じてしまう妻は、「自分一人でなんとか頑張らねば」と思ってしまうばかりで、他人を頼ることができず、孤立感を強めていく。

このような一人で抱え込んでしまうケースだけでなく、他人を家のなかに入れることへの警戒心から第三者のサポートを受け入れないケースや、介護は入浴や排泄《はいせつ》などのデリケートでプライバシー性の高い領域のケアを他人に任せることへの強い抵抗感を持っているケースもある。

バリアフリー化とコンパクト化の必要性

老老介護が一戸建てで行われている場合は、介護自体がさらに困難なものになる。バリアフリーの理念で建築されているマンションと異なり、一戸建てはもともと狭い土地に無理やり縦方向に空間を伸ばす発想で建てられている場合が多い。特に昭和に建てられた一戸建ては上がりかまちが急にせりあがっており、健常者ですら踏ん張らないと玄関から上がれないものもある。

傾斜が厳しい階段は、前かがみになってつかまりながらでないと上がるのは難しく、一苦労。さらに追い討ちをかけるのは、下りだ。階段を踏み外さぬよう慎重に下りねばならず、ともすれば下の階に転げ落ち、命の危険もある。

階段は高齢者が怪我をしやすい最も危険な場所の一つ。2階に物干し場があると、洗濯物を干すために、洗濯物を持って階段を上らなければならない。思わずよろけて階段から落ちたりしたら大怪我だけで済まない可能性がある。生活動線を見直さないといけない。

部屋と部屋をつなぐ敷居にも段差がある。特に昭和の時代に施工された一戸建ての場合、建物の堅牢性《けんろう》を確保するために、梁《はり》を多くして、区画を区切る建材もどうしても部屋側に露出した構造にせざるを得なかった。昔の建物はとにかく梁がたくさん出ており、その結果、バリアフリーとは対極の構造になってしまっている。

バリアフリー対応ではない一戸建ての場合、誰が困るかというと、まずは高齢者、特に介護者である。平面上で生活できるマンションに比べて、一戸建ては基本的に跨《また》いだり、上がったり、下がったりという動作を余儀なくされる。足腰が弱くなった要介護者はもちろんのこと、介護者である高齢者にとっても、ただでさえ介護で精神的にも身体的にも負担を強いられているにもかかわらず、さらに身体的負荷となる動作を余儀なくされる。

家のなかで毎日、障害物競走をしているようなものだ。いつ怪我をしてもおかしくなく、高齢者にとって、これほど辛いものはないだろう。最終的には、介護者が要介護者をベッドから起こすこともままならなくなり、寝たきりで点滴生活を送ることに。このような状態に陥ると、要介護者の症状は急速に悪化することになり、それに伴って介護者の健康状態も心配になる。

高齢者ばかりではない。バリアフリー対応ではない一戸建ては、介護サービスに通うヘルパー泣かせなのだ。ベッドから高齢者を抱きかかえて入浴させたり、ベッドに寝かせたりする際に、段差があるとヘルパーも非常に辛い。

さらに、一戸建ての階段は住環境の悪化をもたらす。平屋であればともかく、大多数の一戸建ては階層構造にすることによって、居住空間をやっと確保している。高齢になると、階段を上るのが非常に困難になる。最初は腰に手を当てながらなんとか階段を上り下りしていた老親が、やがて1階で寝るようになり、次第に2階には上がらなくなる。

最終的には、2階は「物置」と化す。とりあえず要らなくなったもの、使わなくなったものを置いておくのに2階は非常に便利だ。ただ、階段の先にある2階は足が遠のくもの。だんだんと2階の荷物も増え、雑然としてくるにつれて、片付けなければと思うが、階段を上がることを考えると、二の次になる。ますます2階から足が遠のく。とうとう、2階は、足の踏み場もない物置同然と化し、見て見ぬふりをするしかなくなるのだ。結局、2階建てとはいえ、機能としては平屋の上に物置が乗っかっている状況になる。

空き部屋が物置化すると、風通しや掃除をすることなく放っておかれることになる。通気性が悪くなると、ホコリだけでなく、家具の背面などにカビが発生する。冬場には窓の周囲にできる結露《けつろ》の影響もあり、さらにカビが発生する。部屋中それらの臭いで充満。壁紙の継ぎ合わせから黒カビが顔を覗《のぞ》かせている。カビは家の傷みにつながるだけでなく、健康被害も心配だ。自分や家族の健康に気を配るのはもちろんだが、「家の健康」もおろそかにしてはならない。幸せな生活を支えた夢のマイホームも、時が経ちライフスタイルが変わり、老後の生活となると、欠陥住宅へと変貌してしまう。

ここから見えてくるキーワードは、「バリアフリー化」と「コンパクト化」。住宅内部のバリアフリー化によって、日々の行動にストレスを感じず、かつ事故の予防にもつながる生活空間とし、また現在のライフスタイルに合わせた広さの快適な住宅とすることが重要となる。

バリアフリーの設備として、代表的なものは、手すりの設置、すべり防止措置、扉の引き戸化、洋式トイレへの変更である。転倒事故を防ぐために、廊下、トイレ、洗面所、脱衣所、浴室にも手すりをつけるとよい。浴室やトイレに手すりをつけると立ち座りの動作がしやすくなる。さらに、部屋と部屋の間の段差はすべてなくしたほうがよく、浴室の段差は特に解消したい。室内ドアは、できるならば開き戸ではなく引き戸にしたい。握力が弱くなっても開け閉めしやすくなる。また、風にあおられていきなり閉まることがないので安心だ。将来における車いすの利用を考え、開口部を取りたい。居室は畳敷きからフローリングに変更し、浴室やトイレの床材は濡れても滑りにくく、撥水《はっすい》性の高い材質のものを選ぶほうがよい。

特に浴槽への出入りの際に転倒しやすい。トイレは寝室の近くが安心だろう。屈《かが》むときや立ち上がるときに転倒事故が起こりやすいので洋式化し、手すりをつけるとよい。高齢になると夜間もトイレに行く回数が増えるので、可能な限り寝室の近くに設置したい。仮に骨折が完治しても療養中に動かさなかった身体の筋力はさらに低下し、より大きな転倒事故につながるケースもあるのだ。

住居の広さは、今後の加齢による身体面での衰えまで考えると、あまり広くない方が楽に過ごせるはずだ。

と、ここまで読まれてきて、一戸建てをリフォームすればよいのでは、と思った読者も多いのではないだろうか。

しかし、リフォームも相当多額の費用がかかる。2階建てを平屋にするなど大規模の工事となれば、なおのことである。その資金をどこから捻出《ねんしゅつ》するのか、頭が痛いだろう。リフォームでは済まない場合もあり、大掛かりなリフォームをするくらいなら、いっそのことマンションへの住み替えを検討した方がリーズナブルであることも多い。

コラム① 介護疲れで…悲劇に

2017年5月6日、大阪府高槻《たかつき》市で老老介護による殺人事件が起きた。認知症で寝たきりの夫（当時73歳）に対し、アルバイトをしながら一人介護を続けていた妻（当時73歳）が、介護疲れを理由に食事を与えず、「死んでいると思う」と高槻署に自首。事件が発覚した。

夫婦は二人暮らしで、2016年から認知症が悪化した夫の面倒を妻が看ていたが、2017年4月下旬から数日間、介護に疲れて夫の介護をせず、食事を与えなかったことで、寝たきりだった夫が死亡したとみられている。

介護疲れによる心中事件や殺人事件が増加しており、社会問題となっている。老老介護の夫婦が共倒れするリスクが日本では特に高まっているといえよう。

【ケース②】売却して老人ホームへと思ったが買い叩かれる

東京郊外、かつては郊外住宅地として脚光を浴びた私鉄沿線に住むCさん。70歳が近いこともあり、妻と二人で老人ホームへ入居することを決め、マイホームの売却を考えた。

築30年ほどの一戸建て。定期的に手入れをしてきたものの、老朽化は否めない。内部構造も一昔前のものであり、現在のトレンドに合っているとは思えない。不動産仲介業者に頼んでみたものの、一向に連絡がない。本当に買い手が付くのだろうか。

初めは老人ホームへの住み替えに向けて意気揚々《ようよう》としていたが、売れるかどうかの不安が大きくなるにつれ、夫婦で住み替え先の話をすることも少なくなってきた。

老人ホームへの入居費用も売却代金頼みだから、先に住み替えることもできない。先が見えず、このまま売れずに住み続けることになることを考えるべきだろうか。

不動産仲介業者の担当者が、新築よりも中古の一戸建てを好んで購入する人も増えてきていて、価格の安さが一番の決め手になるので、売出価格を1割から2割下げてはどうかと提案してきた。

この際だから2割価格を下げようか、いや、あまり価格を下げると老人ホームへの入居資金に影響がある。どうしたらよいのだろうかと、現在、思案に暮れている。

マイホームを売ろうとしても、結局のところ「買いたい」という人が現れなければ、物件を手放すことができない。裏を返せば、買い手の需要にあった物件でなければ、売却することはできない。キーワードは、「釣り合い」。

家にはその地域、その土地、その場ごとに「ふさわしい」イメージがある。例えば、高級住宅地にワンルームマンションは釣り合わないし、人口減少の著しい過疎地に白亜の豪邸というのも釣り合わない。いくら維持管理が行き届いていても、その地域で求められる需要が小さい物件は売れ残ることになる。特に、日本人は新築を好む傾向にあり、場所的な問題からただでさえ需要の小さいうえに築年数も経ってしまった物件は、さらに条件が悪くなる。

また、一戸建て特有の問題として、間取りなど理想の条件を追い求めたオーダーメイド品であるため、所有者個人の好みが色濃く反映されており、他人が受け入れ難いという点もあるだろう。さらに、仮に「釣り合い」が取れている物件であっても、マイナス査定の土地もある。それが次の「魔の8要素」をはらんだ物件だ。

①敷地の形が整っておらず、使いにくい。
②狭い道路に面している。

③道路に面していない。

④利用価値が著しく低い。

（例）著しい高低差がある／激しい振動がある／線路や空港が近く、騒音が激しい／地盤にはなはだしい凹凸がある／日当たりが悪い／臭気が漂う／土地の取引に不利な条件がある（隣に墓地があるなど）

⑤建ててよい建造物などの利用制限がある。

⑥土壌が汚染されている。

⑦文化財が埋まっている。

⑧広すぎる。

例えば、あまりに広い土地付きの一戸建てを分筆《ぶんぴつ》せずに売ろうとしても、それを管理維持可能な人は少なく、買い手が付かないのだ。

このほか、売却以前の問題として、「商品」としての条件が整っていない物件は論外といえよう。例えば、土地の境界線が曖昧であったり、登記が正確になされていなかったり、相続でもめていたりすると、買い手どころか、不動産仲介業者も手を引いてしまうだろう。

【ケース③】一戸建てで起こる孤独死・看取る人さえいない

これまで約40年間第一線で働き、やっと仕事から解放されて幸せな老後を過ごせると思っていた矢先に、妻に突然先立たれたDさん。65歳で一人暮らしになってしまった。マイホームは、神奈川県の郊外住宅地にある建売り一戸建て。30年前にローンで手に入れた。

これまで家事は一切妻に任せっきりで、食事を作ったこともない。家は最寄り駅からも遠く、スーパーや病院に行くにはバスやタクシーを使わねばならない。そして、最寄り駅から都心に出るには約1時間かかる。

周囲の人間や友人に相談したいとは思ったが、プライドが邪魔をして助けを求められない。食事は出来合いの惣菜《そうざい》中心。掃除しなければと思ってもやる気が起きない。自分に引け目を感じ、友達付き合いさえも減ってしまった。これまで仕事一筋の人生、趣味といえるものはなかった。これから趣味を楽しもうと思っても、何をしたらよいのかわからない。孤独感だけが強くなってくる。

バスを使って買い物に出かけることも億劫になり、外出する機会さえ減ってしまった。そうしているうちに、家の中はゴミ屋敷化、庭はもちろん手入れもされず、荒れ放題に。隣人が悪臭に気づき、警察が家の中に入ったときには、死亡から数カ月が経過していた。

このような仕事以外の人間関係が希薄である高齢者は意外に多いのではないだろうか。内閣府の『平成27年版高齢者白書』によると、孤独死を身近に感じる60歳以上の単身者の割合は、45・4％と約半数に迫り、また、高齢者で一人暮らしをしている人ほど万が一のときに頼れる人がいないと感じているようだ。

特に、自意識が強く、弱みを見せられない性格の男性は要注意だ。孤立無援となるケースは、配偶者との死別など人さまざまであるが、その予防策として、無理なく人と接する機会を増やせる環境は重要だ。

例えば、住まいが最寄り駅、スーパー、市役所や図書館など公共施設に近いことは、自然と外出の機会を増やしやすく、人と接する機会を作ることができるといえよう。しかし、一昔前の一戸建ては、ある程度の広さの土地を確保するため、駅から離れた、地理的に不便な場所に建てられることが多かった。その結果、駅やスーパーと距離が離れてしまった。

もちろん、若いときであればそれでもよかったであろう。しかし、加齢とともに身体機能も低下すると、外出も一苦労。内閣府の『平成27年版高齢者白書』によると、地域における不便な点トップ3は、「日常の買い物に不便」「医院や病院への通院に不便」「交通機関が高齢者には使いにくい、または整備されていない」であり、高齢者にとって体力的に負担のかかる買い物・通院に不便な場所に自宅があることが窺《うかが》い知れる。交通機関や自動車を使わなければいけないのであれば、なおさら外出の機会を逸《そ》らしやすいといえよう。

また、ゴミ屋敷は孤立死の兆候であるといわれている。孤独死は65歳以上の高齢者に多く、東京23区内だけでも毎年４０００人が孤独死している。全国区でみると毎年２万人以上が孤独死で亡くなっており、その実に８割以上が、セルフネグレクト（自己放任）が原因といわれている。

セルフネグレクトとは、通常の生活を維持するために必要な行為を行う意欲・能力を失い、例えば、食事をとらなかったり医療を拒否したりして、自己の健康・安全を損なうこと。つまり、セルフネグレクトの人は、生活が荒れ、ゴミが片付けられずに増え続け、部屋がゴミ屋敷化してしまうケースが非常に多いのだ。

そのため、高齢者の家がゴミ屋敷化している場合は孤立死の兆候であるといわれる。現在足立区など東京23区内ではゴミ屋敷の片づけ支援などを行っており、孤立死の増加を食い止めるために動いている。。

【ケース④】ご近所トラブル――隣家の旦那が怒鳴り込んでくる

隣家と密接して建っているEさんの自宅。埼玉県の西武線沿線の分譲住宅地で、ここに家を建てた頃は、隣に家はなかった。それが数年で家が建ち並び、若い夫婦と子どもたちでいっぱいになった。

しかし、それから30数年、子どもたちは大人になって出て行き、隣近所は残った老年夫婦ばかりになった。そして数年前、隣家はいつの間にか売られ、見知らぬ中年夫婦が移り住んできた。この中年夫婦の旦那の方が家の中で騒ぎ、怒鳴り散らしている声がよく聞こえてくる。そして、ここ数カ月は、庭に出て大声で叫んだりしている。まるで断末魔《だんまつま》のような叫び声だ。

騒ぎ出すと、リビングでの団欒《だんらん》も遮られ、夜中だとその声で目を覚ますほど。隣の家の中からは、物を壊したり、叩いたりする音が不定期に聞こえてくる。妻もひどく怖がっている。先日、突然、その旦那《だんな》が怒鳴り込んできた。家の中で騒いでうるさいという根も葉もないことで、身に覚えもない苦情であった。

つい昨日も同じように怒鳴り込んできた。うちの物音がうるさく、そのせいで身体を壊してノイローゼになりそうだと言いがかりをつけてくる。

一戸建ては、近隣の住宅や建物と密接して建てられていることが多いため、眺望・日照が悪かったり、室内が近隣や道路から見えたり、室内の音が漏れるなど、外部世界との関係でプライバシーなどの問題がある。今回のケースの隣人のような方や、有名になった騒音おばさんのような人が隣に住んでいたら大問題にも発展しかねない。

そこまでいかなくても一戸建ての場合、隣家との間で騒音、悪臭などのトラブルがつきものであるが、高齢者の家庭では子どもが独立しているために身近に頼る人がおらず、高齢者自身がそのトラブルの矢面に立って、対応しなければならない。加齢により体力的にも衰えてきたときに、隣人とのトラブルに対処しなければならないとなると、精神的負担も大きい。

さらに、隣人トラブルというのは、すぐには解決できないのも特徴だ。時間が経つうちに、ご自身のみならず、配偶者まで病気になったり、外出できず気分が落ち込み、寝たきりになったりするなど、被害は思いのほか大きい。

基本的に、隣人は選べないもの。だからこそ、プライバシーの確保などを考慮したうえでの住宅環境の整備が重要視されるべきなのだ。

コラム②　世田谷立てこもり事件

2012年10月10日、東京都世田谷《せたがや》区の路上で女性Aさん（高齢者）が日本刀と見られる刃物で首を切られた状態で発見され、間もなく搬送先の病院で死亡が確認された。女性を切りつけた男Bさん（高齢者）は、現場近くの民家に逃げ込み立てこもったが、捜査官が突入すると首などから血を流して倒れており、搬送先の病院で死亡が確認された。

近所の住民の話によると、AさんとBさんの両家の境界線を通る私道に、Aさんが趣味の鉢《はち》植えを置いたのに対し、Bさんが何度も注意したのだが、Aさんはほったらかしにしていたことから、口論などいさかいが絶えずエスカレートしたようだ。近所でも、Bさんが刀を持ち出した、AさんがBさんに体当たりした、農薬をかけたなど様々ないざこざの話が聞こえていたようだ。

この種の一戸建ての隣家トラブルは多発しており、これを防ぐ方策はなおざりにできないといえる。

【ケース⑤】エアコンをつけずに熱中症で死亡した三姉妹

昨今は物騒な世の中で、セキュリティの甘い一戸建てに住む高齢者を狙って犯罪や問題が発生する。2015年に詐欺被害によって引き起こされた、なんともいたたまれない事件があった。

2015年8月11日、東京都心で猛暑日が連続するなか、東京都板橋《いたばし》区の一戸建て住宅で、高齢の姉妹3人が熱中症と見られる症状で死亡しているのが発見された。三姉妹は、2015年3月頃、ガス会社を名乗る人物が家を訪れ、「ガスの更新手続きが必要だ」などと言われ、話をしているうちに財布を取られる被害に遭《あ》い、それ以降、用心して家の窓を閉め切ることが多くなっていたという。また、三姉妹は、「クーラーをつけると、のどが痛くなる」と知人らに話していて、クーラーをつけずに扇風機を使っていたとのことで、発見時にはクーラーは止まっていた。

マンションに住んでいたのであれば、窓を開けていても防犯上、そこまでの問題は起きないため、閉め切りの状態で熱中症にかかることもなかったかもしれない。

一戸建ては、死角になる場所があったり、窓・ドアの数が多いなど侵入可能な箇所が多かったり、防犯設備が古いため、セキュリティ面で不安がある。特に、高齢者の一戸建てでは、身近に頼りになる人が居ないことが多く、犯罪者のターゲットになりやすい。

そのため、防犯性能の高い窓ガラス、シャッター、二重ロック、人感センサー付き照明の設置など対策を講じる必要があるが、新たに設備を導入しようとすると、選択肢が多くてどの設備にすればよいのか検討できないうえ、多額の費用がかかり、躊躇してしまうようだ。

なお、内閣府の『平成27年版高齢者白書』によると、警察の働きなどにより、社会全体の犯罪被害件数は年々減っているものの、高齢者の犯罪被害件数は減らず、犯罪被害件数全体を占める割合はむしろ増えているようだ。

また、一戸建ては、マンションなどと比較して気密性・断熱性の点で劣り、熱の出入りが多いため、夏は外からの日差しの暑さを遮《さえぎ》ることができず、冬は冷え込みが厳しくなる。そのため、比較的冷暖房費がかかり、経済的負担が大きく、家計に優しくない。

コラム③　リフォーム詐欺「気づいたら6000万円」

埼玉県A市のX1さん（高齢男性）は、かつて埼玉県A市内の工務店経営の男性Y氏に外壁工事等を依頼したことがあったが、そのY氏は、X1さんの不在を狙って自宅を訪問し、X1さんの妻で認知症と診断を受けたX2さん（高齢女性）とリフォーム工事の契約を繰り返し結んでいた。

X2さんが認知症の診断を受けた2009年から2011年の間に受注した29件のリフォーム工事の施行額は約6000万円で、29件のリフォーム工事のうち少なくとも24件に修繕の痕跡がなかったとのこと。

X1さんは、Y氏を刑事告発し、県警は詐欺の疑いで書類送検したが、最終的にさいたま地検は嫌疑《けんぎ》不十分で不起訴とした。

X1さんは、「知らないうちに金額がかさんでいた」と嘆いていた（埼玉新聞2015年5月21日より引用）。

このような高齢者を狙ったリフォーム詐欺は跡を絶たない。

コラム④ 表札に不審な記号があったら要注意

泥棒、空き巣、訪問販売、押し売り業者などは、騙《だま》しやすいカモとして、その家の表札など見える位置に目印をつけていくようだ。

例えば、『12―16R』の場合は、「12―16」は「12時から16時の間」、「R」は「留守」をそれぞれ意味し、『ここの住民は12時から16時の間留守にしている』ということを示している。

また、『SD』の場合は、「S」は「シングル（一人暮らし）」、「D」は「老人」をそれぞれ意味し、『ここの住民は一人暮らしの老人である』ということを示している。

泥棒や業者によって、マーキングの記号には違いがあるようだが、表札やドアに不審な記号があったら、小まめに消すようにしたい。

防災面では、築年数をかなり経過していると耐震性や耐火性が低いことが多い。

１９８１年以降に建てられた住宅は、現在機能している「新耐震基準」で設計されているので、地震に強く、震度６から７程度の地震でも即座に倒壊しないことを目標にしている。それ以前に建てられた住宅は、基本的に、この新耐震基準での耐震性能とは歴然とした差があるのが現状だ。また、耐火性、防火性という面では、耐火構造や不燃材料の進化により、現在の水準は、建築時では考えられないレベルになっている。

こうした最新の機能を備えた家で安心に暮らすにはリフォームが必要となるだろう。しかし、多大な費用がかかり、うちは大丈夫という根拠なき自信から、そのまま放置してしまうことが多いようだ。

内閣府の『平成27年版高齢者白書』によると、65歳以上の高齢者の住宅火災による死者数（放火自殺者等を除く）は、平成25（２０１３）年では７０３人と前年より増加し、住宅火災の死者数の６割以上が高齢者となっている。

また、ゲリラ豪雨や大雨で浸水しやすい地区に自宅がある場合、万が一、大雨洪水による避難勧告が出ても自力で避難することができず、自宅に取り残され、生命・健康の危険に晒《さら》されることがある。

【ケース⑥】相続が「争続」に！　親子・兄弟間で大もめ

妻に先立たれたFさんは、30年前に購入した都内の一戸建てで、長男夫婦と暮らしていた。長男の嫁ができた嫁で、Fさんの面倒を何から何まで見てくれていた。

ところが、このFさんが突然倒れて意識不明になってから、Fさんの死を前提にした息子たちによる相続争いが始まった。

長男は当然、親の面倒を長年にわたって看てきたのだから、家はそのまま自分のものになると考えていた。ところが、二男三男が家を売って財産を分割することを主張したのである。「法律上は同じ権利があるのに、なぜお兄さんに譲らないといけないのか？」と言い出して、もめにもめた。

Fさんの財産は自宅不動産のみで、突然倒れたために遺言もない。

長男の嫁は、「私が一生懸命、お父さんの面倒を看てきたのに」と主張したが、「そんなことは法律では関係ない。お兄さん夫婦がこのまま住み続けるなら、分割分をお金で出してくれ」と一蹴され、それまでは正月やお盆のたびに集まった兄弟たちは、口もきかなくなった。

古い間取りの一戸建ては、仮に子どもが相続しても使い道がない場合が多いため、相続人が相続したがらず、またマンションと違って企画商品ではないため換価分割しづらい。そのため、遺産分割協議で決まって問題になるのがこの一戸建て、不動産の分け方なのだ。

現金だけであれば問題になりにくいが、不動産が相続財産に含まれるとなれば、話は違ってくる。不動産は分けにくく、その評価が問題になるからだ。

不動産を分ける場合、例えば土地であれば、分筆をして一つの土地を二つに分けることで、分割する。このとき、土地の場合は分筆をしない限り、分割をすることはできず、単独で相続するか、売却してお金を分ける（換価分割をする）か、共有にするかの選択を迫られる。建物やマンションの場合は、物理的に分断してそれぞれに分けることはできないので、結局、単独相続か、換価分割をするか、共有にすることになる。

ところが、どの方法をとったとしても、問題がある。

まず「**共有**」の場合。

共有とは、一つの不動産を「持分」という割合で複数の共有者が「持ち合う」状態をいう。そのため、共有するというのは法律上、「持ち合う」だけの親密な関係があることを予定している。

その不動産を使ったり、貸したり、売ったり、管理したりするたびに、共有者全員での協議が必要となる。いざ、不動産を活用したいと思ったときに、基本的に自分一人では何もできず、せっかく所有している不動産を有効活用することができないのだ。もし、独断で行ってしまうと、他の共有者の権利を侵害することになり、トラブルの原因につながる。

共有し続けるということは、いつまでも共有者間で協議が必要だということなのだ。しかし、コミュニケーションがとれない間柄の共有者同士だと、前提の協議を開くことさえままならない。開いたとしても共有者間で合意に達するなど到底ありえない。

つまり、共有は、問題を先延ばしにしたに過ぎず、いつまでも続く紛争の引き金になる厄介な方法なのだ。

次に「**換価分割**」の場合。

換価分割とは、不動産を売却して現金化し、その現金を相続人で分割する方法だ。売却代金そのものを分割するので、1円単位できっちりと分けることができる。一見便利な方法のように思えるが、問題点もある。

最も大きな問題は、不動産の売却ができないということだ。換価分割は売却代金を分割する方法なので、不動産が売却できることが大前提であり、売却できるまでは遺産分割できないということになる。しかし、不動産は、今日売りに出して明日には買い手が見つかるというものではない。前記（ケース②）で紹介したように、条件にもよるが、基本的に、一戸建てはなかなか売れないことが多いようだ。

最後に「**単独相続**」の場合。

一人の相続人が単独で不動産を相続した場合、他の相続人から代償分割を求められる可能性が高い。代償分割とは、特定の相続人が不動産を相続する代わりに、他の相続人に金銭などを支払うなどして過不足を調整する方法だ。この調整金を代償金というが、この金額は相続人の協議で決定することになる。

いずれにしても、不動産を単独相続する相続人は、代償金としてある程度の金銭を用意しなければならない。相続人自身が現金を持っていれば問題ないが、そのようなキャッシュリッチな相続人はそう多くはない。結局、代償金を支払うために相続した不動産を売却したり、不動産を担保にお金を借りたりしなくてはならなくなる。

将来の相続のことを考えると、一戸建ては親子・兄弟間の争いの種《たね》になる可能性が高いだろう。また、仮に不動産を相続したうえで相続税を払うことになった場合には、相続税の軽減措置である小規模宅地等の特例を利用したいところであるが、小規模宅地等の特例が適用できるかどうかは不確定だ。小規模宅地等の特例については、次章で詳述する。

さらに、例えばマンションなどに比べて、一戸建ては税制面で不利であるといわざるを得ない。そのため、一戸建てを残すと、相続人に大きな負担を押し付けることになることから、相続財産としてはあまり望ましいとはいえないだろう。

第3章

賢い「家じまい」の仕方

1.「家じまい」から始まるセカンドライフへの準備

「家じまい」とは、「高齢者の生活に適さない一戸建て住宅を売却し、新たに得られたお金を老後の住処《すみか》や生活に充足し、ゆとりある幸せな老後の生活を手に入れること」と、改めて定義したい。

「家じまい」により得られるものは、老後の生活の基盤となる新たな住処や安心かつ快適な生活にとどまらない。不便になった一戸建ての自宅を売却し、その売却益を使って、セカンドライフに合った住居への住み替え、介護・カーシェアリングのサービスを利用して、自立した老後の生活をも実現可能となる。

例えば、夫が会社勤めだったときにはなかなか長期休暇を取得するのが難しく、夫婦二人での長期海外旅行や世界一周クルーズは夢のまた夢。そのような夢をセカンドライフで叶《かな》えるのも「家じまい」なのだ。

老後のライフスタイルが変化し、人生の終わりをよいものとするため事前の準備を行う「終活」が大きなトレンドとなっているが、その「終活」の一環として、生命保険の利用、遺言作成、葬儀・お墓の手配、遺品整理などを自ら選択・準備して、身の回りの整理を行ってみるのもよいだろう。

ただ、新たなことを行うのは不安がつきもの。実際、どうしたらサービスを受けられるのか、数あるサービスのうちどれを選択すればよいのか、どのくらい費用がかかるかなど、わからないことが多くあるだろう。

この章では、「家じまい」の参考となるように、住み替えについて紹介する。


子どもが独立し、定年を迎えてセカンドライフ・老後の生活に入ったとき、果たして住み慣れた一戸建ては本当に住みやすい「住まい」なのか。

今の「住まい」は、仕事を優先して通勤に便利な場所であったり、子どもの通学や子育てに適した環境を基準に選んだりしたのではなかっただろうか、今一度思い返すべきである。

第2章で紹介した通り、これまで住みやすかった一戸建ては、セカンドライフや老後の生活においては、実は住み難い不便なものであり、決して快適とはいえないはずである。

にもかかわらず、漫然と不便を我慢して今の住まいでそのまま生活し続けるのか、それとも、定年を機にセカンドライフに合った住まいを新たに求めるのか、シニア層は決断しなければならない。決断の時機を逸《いっ》してしまうと、後で「一戸建て地獄」から抜け出そうと思っても、なかなか抜け出せなくなる。問題を先延《さきの》ばしせず、決断する勇気が必要である。

つまり、快適なセカンドライフを手に入れるために最初に検討すべきは「家じまい」である。

現在の自宅である一戸建てを売却し、その売却代金をもとに新たな「ゆとりある幸せな老後の生活」への準備をする。まさに、快適なセカンドライフを始めるきっかけとなるものだ。

「家じまい」をするにあたって、最も重要なことは、「早めに動き出す」ということ。一戸建ては、マンションと比較しても、その売却には非常に時間がかかる。また、「家じまい」の決断が遅くなってしまうと、高齢化により体力・気力ともに落ちてしまい、機敏に動くことができなくなる。

「家じまい」を始めるのは75歳がリミットであろう。最近の60代は健康管理に気を遣っているせいか、元気で若々しく、趣味やビジネスで活躍中の方が多い。「早いうちに老後に備えて下さい」と言っても、まだピンとこないかもしれない。事実、厚生労働省が集計した介護保険受給者の割合は、60代後半で男女ともに2％台だ（厚生労働省『平成27年度介護給付費等実態調査の概況』）。

しかし、この割合は、75歳を境に急激に増加する。70代後半では、男性は9％、女性は12％にまで上昇し、60代後半と比べると5倍程度に伸びている。また、ほとんどの年代で、女性の方が介護保険の受給率が高い点も見逃せない。

「家じまい」は手間と時間がかかる大仕事である。「家じまい」を行うためには積極的に動く必要があることから、足腰が弱ったり、書類を読むのが億劫になったりしてから行動するのは難しいものと思われる。身体が元気で頭脳が明晰《めいせき》な方の多い70代前半を一つのリミットとして、「家じまい」をしておけばよかったと後々困らないためにも、早めの対策が必要となる。

思い出してほしい。「もったいない」と言って、不必要なものまで捨てずに取っておく習慣はないだろうか。〝もったいない精神〟には大いに学ぶことはあるが、せっかく取っておいたものも活用せずに残していないだろうか。チリも積もれば山となる、とまでは言わないが、実際、長く住んだ一戸建てから引っ越そうとすると、大量の荷物が出てくる。すべて持って行きたいと考えるかもしれないが、生活空間をコンパクトにするうえでも、思い切って処分する必要がある。

この片付けは非常に大変。若い頃に買った服やかばん、靴、バッグ、家族が多かったときに使用していた食器や調理器具、引き出物のタオル、思い出の写真や手紙、旅行の思い出の土産物……。片付けながらこれまでの人生を思い返し、感傷に浸っていると捨てることができなくなる。当初は徹底的に処分するつもりであっても、次第に思い出にふける時間が長くなり、いっこうに片付けが進まない。一度思い出に浸りだすと、なかなかその状態から抜け出すことはできなくなる。高齢になればなるほど、思い出にふけってしまい、捨てることができなくなる。断捨離《だんしゃり》のためにも、「早めに動き出すこと」が大事なのだ。

片付けブームのなか、片付け方の指南書は色々出回っている。片付けについては第5章の「遺品整理」の項で詳述するので、今は簡単に触れておく。

第一に、必要なものと不要なものに分ける際、初めから無理にどちらかに振り分ける必要はないというのがポイントである。どちらでもない分類をつくり、その場で決断できないものは一度別に分けておく。ただでさえ、思い出が詰まった品々であるから、決断が難しいものも出てくるのは当然であろう。一度すべてを分類し、必要なものと不要なものを見た後に、どちらでもないものを再度分けるのだ。その頃には必要か不要かを振り分ける明確な基準ができていることもあろうし、今後も保管しておくことができる分量や収納可能な物理的スペースも具体的にイメージすることができていることもあり、要不要の分類がスムーズになっていることが多い。

第二に、不要なものは必ず捨てると思わず、捨てない方法も検討するというのがポイントである。人に譲る、ボランティア団体に寄付する、フリーマーケットに出す、リサイクルショップに預ける、インターネット上で譲るなど、捨てないで済む方法を検討することで、決断しやすくなる。

「まだまだ動けるから」と思っていてはダメ。「動けるのは今のうち」と思って、先手をとって動き出すことが肝心である。それが、読者の快適なセカンドライフに向けた第一歩となるはずだ。

2.「家じまい」（住み替え）の難しさ

いざ、一戸建て住宅を処分しようと思っても、簡単に処分できるものではない。洋服も家具も電化製品も、私たちが持っているほとんどのものは、いらなくなったら捨てることができる。お金がかかることもあるが、処分できないという事態には陥らないはず。

唯一、簡単に処分できないものが不動産である。不動産は所有権を放棄することすらできない。

「いらないから捨ててしまえ」「お金は出しますから処分しておいて」ということができないうえに、所有者には固定資産税の支払い義務が課せられる。人口の減少と高齢化が進むなか、売却できずに空き家となるなど、不動産が「お荷物」になっているのが現状だ。

一生懸命汗水を垂らして働いた結晶であるマイホームであるから、売却すると決めたときには様々な思いが去来し、苦渋の決断となるのは間違いない。ところが、売ろうとしても建物自体には価値がつかず、仲介会社からは土地の売却価格も下げるようにアドバイスされる始末。こんな扱いを受けるならば、いっそ売るのをやめようかと思うかもしれない。一生、今の一戸建て住宅に暮らし続けるべきであろうか、と考え直したくなることもあるだろう。

しかし、立ち止まってもう一度冷静に検討してほしい。老後の生活が近づいている事実は変わりない。今大事なのは、「ゆとりある幸せな老後の生活」を手に入れるための準備である。簡単に処分できない事実を受け入れたうえで、いったい何ができ、何ができないのか。何を備えなければならないのか。まずはそれらを知ることから始めるべきだ。

3. 売却と購入を並行して進める

資金に余裕があって一戸建ての売却資金をあてにしなくてもよい場合は、一戸建ての売却と老後の住処の購入をそれぞれ別々に進めればよい。しかし、住み替えの場合は、一般に、売却金額を次の住処の購入資金に充てることが多いため、売りと買いを並行して進めていくことになる。もっとも、売りと買いを並行して進めていくというのは、簡単なことではない。売り買いのタイミングと資金計画について事前に慎重に検討する必要がある。

まず、住み替えでは、今住んでいる一戸建てがいったいいくらで売れるのか、仮に住宅ローンが残っていれば、その売却金額で住宅ローンをすべて支払うことができるのかを検討する必要がある。そのためにも、現在住んでいる一戸建ての価格査定を不動産会社に依頼すべきだ。通常、購入時の価格より下がっていることが多い。一生懸命働いて手に入れた家にまったく価値がつかないという事実に不満があるかもしれないが、ここは堪《た》えるしかない。上物は通常、築20年以上を経過しているとほぼ価格がつかず、専《もっぱ》ら底地である土地の価格のみで評価することになる。問題はローンの残額との比較である。残額の方が多い場合、別途資金を用意する必要があるなど資金計画に大きく影響することになる。

不動産会社によっては、売却に関わりたいために高い査定額を提示する場合もある。しかし、査定額が高いからといって安易に頼むと危険だ。必ず複数の不動産会社に査定を依頼して、各会社に査定額の根拠を確認する必要がある。そのなかで、信頼できると思った不動産会社に、売却を依頼することをお勧めする。

(1)不動産会社との媒介契約

一戸建てを売却するにあたって、どの不動産会社に連絡すべきか。

ポストに入っていたチラシの不動産業者に一度連絡をしてみようとする人も多いだろう。チラシには様々な仕掛けがある。「医療法人がいくらの予算で何平米《へいべい》の物件をいくつ探して」というような話に安易に乗り、実際に電話をしてみると、そのような話はなかったという事例もある。

不動産業者は、あの手この手を使って媒介契約を取ろうとしている。媒介契約とは、宅地建物取引業者が、宅地建物の売買や交換の仲介の依頼を受ける際に、依頼者との間で締結する契約をいう。

媒介契約には、①専属専任媒介契約、②専任媒介契約、③一般媒介契約の3種類がある。この3種類の契約について、違いを見てみよう。次頁の【図表2】を参考にしてほしい。

①専属専任媒介契約

特定の不動産業者に媒介を依頼し、他の不動産業者に重ねて依頼することのできない契約。依頼を受けた不動産業者は、依頼主に対し、1週間に1回以上の頻度で売却活動の状況を報告する義務があり、目的物件を国土交通大臣の指定する流通機構に登録しなければならない。この場合、依頼主は、自分で購入希望者を見つけることができない（自己発見取引不可）。専任媒介契約とほぼ同じ

[図表2]媒介契約の種類

	専属専任媒介契約	専任媒介契約	一般媒介契約
特徴	特定の不動産会社1社だけに仲介を依頼する契約形態。1社に限定するので、営業活動が熱心になる面も。	仲介を依頼できるのは1社のみだが、自分で購入希望者を探すこともできる点が専属専任とは異なる。	複数の不動産会社に重ねて仲介を依頼する契約形態。どの不動産会社と媒介契約を結んでいるかを明らかにする「明示型」と、明らかにしない「非明示型」がある。
他業者への依頼	できない	できない	できる
自己発見取引	認められない	認められる	認められる
仲介会社の義務	不動産会社は、媒介契約後5営業日以内に指定流通機構に物件登録し、1週間に1度以上、販売活動の進捗状況を文書で報告することになる。	不動産会社は、媒介契約後5営業日以内に指定流通機構に物件登録し、2週間に1度以上、販売活動の進捗状況を文書で報告することになる。	売却のための活動は行うが、販売活動の状況報告などの義務は課せられていない。指定流通機構に任意で登録可能。
契約期間	3カ月以内(更新可能)	3カ月以内(更新可能)	3カ月以内(更新可能)

であるにもかかわらず制約事項が多いため、実際には専属専任媒介契約が締結されるケースは少ない。

②専任媒介契約

①の専属専任媒介契約と同様に、特定の不動産業者に媒介を依頼する契約。不動産業者は、依頼主に2週間に1回以上の頻度で売却活動の状況を報告する義務があり、目的物件を国土交通大臣の指定する流通機構に登録しなければならない。①の専属専任媒介契約とは異なり、依頼主は、自分で購入希望者を見つけることができる(自己発見取引可)。

窓口が1社なので情報の整理が簡単にできるというメリットがある。業者にとっても仲介料の取り損ねがないため、広告費などを多く使って積極的に販売活動をしてくれることが期待できる。一方、デメリットとしては、窓口が1社なので、依頼した不動産業者への依存度が高くなり過ぎることが挙げられる。

③一般媒介契約

複数の不動産業者に重ねて仲介を依頼することができる契約。不動産業者は依頼主へ売却活動の状況を報告する義務を負わず、依頼主も自分で購入希望者を見つけることができる（自己発見取引可）。

複数の仲介業者へ依頼できるので、たくさんの購入者が興味を示してくれる可能性がある。また、複数の業者へ依頼することで、業者間の競争により、よりよい購入者を見つけてもらうことができる可能性があるというメリットがある。特に、不動産の売買に慣れていて自らイニシアチブ（主導権）を握れる人や、需要が高くよい条件で早く売れる可能性の高い物件の場合などは、①の専属専任媒介契約や②の専任媒介契約よりも、一般媒介契約の方がよいということもある。

一方で、仲介業者には報告義務がないため、すべての業者が情報を提供してくれるわけではない。必ず自分のところで売却するとは決まっていないので、仲介業者も販売活動にあまりコストをかけられず、積極的な活動が期待できないというデメリットもある。

媒介契約の種類によって販売活動や状況報告の頻度がどう変わるのかを確認したうえで、信頼できる不動産会社に媒介を依頼することが大きなポイントだ。

(2)不動産会社を通しての売却

売却活動は、売り出し価格を決めることから始まる。売り出し価格を査定額より高く設定することもできるが、その価格で購入希望者がいなければ、結局は価格を下げることになるので、売り出し価格の決定は特に慎重に検討しなければならない。その後、購入希望者が現れたら、実際に自宅を見てもらうこと(内見)になる。

内見の際、その場にいても、不動産会社に任せてもよいが、購入希望者によい印象を与えるために、できるだけきれいで広く見えるように努めたい。また、購入希望者にも予算や引渡し時期の要望があるので、結局、双方での条件交渉となるが、その際には、不動産会社に十分に相談して、購入希望者との間で納得のいく着地点を見出せるように努力する必要がある。購入希望者がなかなか見つからない、または見学には来てもらえるが契約には至らない場合は、不動産業者にその理由をよく確認して、再度、売り出し条件の見直しを検討してみる必要があろう。

もっとも、不動産業者に言われるがまま、だらだらと価格を下げて様子を見るのは必ずしも得策ではない。売れなければすぐに価格の問題と考えず、売却活動全体で何か問題がないのか、改善するところはないのかを検討すべきだ。購入希望者と契約交渉が成立すれば、売買契約を交わして、購入者が売買代金を全額支払うことで決済と引渡しが完了する。

売却後に引き渡す際には、当然自宅を退去するわけで、その際に新居が決まっていればよいが、まだ決まっていないという場合は見つかるまで仮住まいで生活することになる。そこで、売却活動と並行して新居の購入を進めるときに、いったいどちらを先行させるのかという問題に直面する。

売却活動の見通しがたってから新居を探す「売却先行」の場合は、売却額をもとにした資金計画が立てやすいという大きなメリットがある。その一方で、すぐに新居が見つかるわけではないので、仮住まいの確保などが必要となる。一方、購入する新居に目処《めど》をつけてから売却する「購入先行」の場合は、新居をじっくり探せるというメリットがあるが、売却活動が思うようにいかない、売却を急ぐあまり売却額が想定より下がってしまうというリスクも考えられる。住み替えの資金計画を踏まえ、どちらがより適しているのかは、それぞれの事情や優先事項によっても変わるので、慎重に判断する必要がある。

(3)売却(住み替え)の手順

一戸建てを売却する手順は以下の通りである。全体像を把握しておくと計画も立てやすいため、参考にしてほしい。

売却を相談する：不動産売却の条件・スケジュールなどについて、経験豊富な専門担当者に相談する。

↓

査定を依頼する：所有の一戸建てはどれくらいの金額で売却できるのか、一度査定してもらう必要がある。その際、土地建物の状況、近隣環境、市場動向、売り出し事例、成約事例、権利関係などを調査したうえで、査定することになる。

↓

住み替えのタイミングを決める：自宅の売却と新居の購入のタイミングを検討し、「売却先行」（自宅を売却してから購入物件を探す）か、「購入先行」（新居を購入してから自宅を売却する）かを慎重に見極める。

↓

売却を依頼する：売却を依頼する不動産会社を選定する。

↓

媒介契約を結ぶ：査定内容などを確認し、売却活動の内容などの説明を受けて、納得のうえで媒介契約を締結する。媒介の契約形態には3種類ある。適したものを選んで締結する。

↓

売り出し価格を決定する：査定価格を参考に売り出し価格を決定し、売り出しを開始する。新聞広告折込チラシやインターネット上での掲載など、様々な媒体を使って物件を告知し、購入希望者を探す。問い合わせがあった場合には物件見学も行う。

↓

売却条件を交渉する：媒介契約内容によって、不動産会社から売却活動・問い合わせの状況など、販売活動の経過報告を受ける。契約を検討する購入希望者が現れたら、価格や引渡し時期を調整する。

↓

不動産の売買契約を結ぶ：購入希望者と条件の合意ができたら、必要書類をそろえて売買契約書を作成する。その際、例えば、手付金を受領したり、仲介手数料の半額を支払ったり（仲介手数料は契約時と引渡し時に半額ずつ支払うことが多いが、そうでない場合もある）することになる。

↓

[図表3]買い替え手順のメリット・デメリット

	売却先行の場合	購入先行の場合
メリット	自宅の売却価格の目処がたつので、買い替えのための資金計画が立てやすい	新居をじっくり探せる
デメリット	売却が決まると、自宅を明け渡す期日が確定するので、希望の物件がなくても妥協せざるを得ない場合や、新居への引っ越しまでは仮住まいをする必要がある	購入物件の引渡しまでに売却できないと、売却資金を購入資金に充てられないため、つなぎ融資が発生したり、二重ローンが発生したりする可能性がある

引越し：買主への引き渡し前に引っ越しを済ませ、引き渡しの準備を行う。住宅ローンなどの抵当権がついている場合、抹消《まっしょう》手続きも行う。

←

決済と引渡しを行う：残代金を受け取り、物件を引き渡す。固定資産税を清算して、登記手続きの申請を依頼する。その際、登記手続き等の費用を司法書士に支払い、固定資産税を清算して、仲介手数料の残額を支払うことになる。

前頁の**【図表3】**は、こうした流れを踏まえたうえでの「買い替え手順のメリット・デメリット」をまとめたものだ。ぜひ、参考にしてほしい。

コラム⑤　売却時に有利？　地盤調査と土壌汚染調査

土地の地盤調査と土壌汚染調査は、土地売却にあたって必ず行わなければならないものではない。しかし、新豊洲《とよす》市場をめぐる土壌汚染問題や、震災以降の地震増加に伴い、見た目ではわかり得ない地盤や土壌内の状況が買主にとって大きな不安要素となっている。売却するにあたって、事前にその不安要素を一つでも取り除くことにより、結果的に高値で一戸建てを売却することにつながる可能性がある。ここでは、地盤調査と土壌汚染調査について簡単に紹介する。

①地盤調査

地盤調査は、地質調査と呼ばれることもあり、地盤の強度や地盤沈下の原因となる液状化のリスク、地中の埋設物などを調べるために行われる。その他には、地下水の配置や土壌汚染の有無などを確認することもある。調査方法としては、スウェーデン式サウンディング試験や、ボーリング試験が採用されることが多い。例えば、自宅が以下のような土地に建っている場合、買主が地盤を心配する可能性があるため、地盤調査をしておいた方が売却しやすい可能性もある。

・埋め立て地域は、地盤が軟らかい傾向にある。
・周辺の道路と比較して低い土地は、雨が降ったときに水が溜まりやすく、軟らかい地盤である可能性がある。
・近隣住宅の基礎部分に0・5ミリ以上のひび割れがある場合、軟弱地盤の疑いがある。

②土壌汚染調査

土壌汚染調査は、文字通り土地の汚染状況を調査することである。これは段階別に分かれており、すべて行う必要はない。調査結果に応じて進めるか、その時点で終了させるのか、その都度判断しながら進めることになる。

地歴調査：登記簿謄本、住宅地図、地形図、地質図などの資料から、土地の利用履歴を調べる。

表層調査：地歴調査の結果、汚染リスクが見つかった場合に実施される調査。土壌ガス、重金属による汚染状況を確認する。

詳細調査：表層調査の結果を受けて、もう少し調査を続けた方がよいと判断された場合に実施される調査。具体的には、ボーリング調査や地下水調査により、さらに詳しい汚染状況を確認する。

4. 売却時に必要なコスト・税金

住み替えの資金計画を考えるにあたり、忘れてはならないのは、売却時にも費用がかかることである。なかでも多額の費用となるのは、不動産会社に支払う仲介手数料と、売却で得た所得に対す

［図表4］売却時に必要な費用

1	仲介手数料	売買価格の３％＋６万円（消費税別途）
2	税　金	売買契約書に貼付する印紙代、売却に譲渡益が出た場合における所得税や住民税
3	ローン諸費用	売却時にローンが残っている場合における抵当権抹消費用や司法書士への報酬、ローン事務手数料など
4	その他	引っ越し費用、家財処分費用など

る税金の二つだ。不動産売買の仲介手数料の上限額は、法律で定められており、売買価格に応じて増減する。

媒介を依頼する不動産会社との契約方法は、前述の通り3種類あり、大別すると、媒介を1社のみに依頼する専任媒介（又は専属専任媒介）契約か、何社にでも依頼できる一般媒介契約がある。

媒介を依頼された不動産会社は、価格査定や販売活動、購入希望者との条件交渉、不動産売買契約に伴う諸手続き、引き渡しまでの一貫したサポート業務の対価として、仲介手数料を得る。高く売れる方が手数料も多くなるが、そもそも売買が成立しなければ手数料は発生せず、依頼人は手数料を支払う必要がない。

［図表4］は、売却時に必要な費用の一覧である。

自宅を売却して所得を得ると、「譲渡所得」として所得税や住民税が課税される。ただし、居住しているマイホームに対しては、様々な特例や控除が利用できる。売却で差益が出た場合と差損が出た場合のそれぞれで利用できる制度があるので、まずは差益か差損かを判別したうえで、制度の利用を検討することになる。

売却価格から取得費用（自宅の購入費用〈購入費用の計算では建物の減価償却分を控除〉や諸費用）と譲渡費用（売却の諸費用）を差し引いた額が「譲渡所得」となる。ここで譲渡益が出ている場合（プラスの場合）、「3000万円特別控除」を利用して控除を受けることを検討する。「3000万円特別控除」とは、マイホーム（居住用財産）を売った場合に、所有期間の長短に関係なく譲渡所得から最高3000万円まで控除ができるという特例のことである。この特例を受けるためには確定申告が必要となる。確定申告の際には、確定申告書に譲渡所得の内訳書（確定申告書付表兼計算明細書）を添えて提出する必要がある。

なお、マイホームの売買契約日の前日において、そのマイホームを売った人の住民票に記載されていた住所とそのマイホームの所在地とが異なる場合などには、戸籍の附票の写し、消除された戸籍の附票の写しその他これらに類する書類でそのマイホームを売った人がそのマイホームを居住の用に供していたことを明らかにするものを、併せて提出する必要がある。

一方、買い替えにあたり譲渡損が出ている場合（マイナスの場合）、その損失を他の所得（給与所得など）から差し引くことができる。その年だけで控除しきれなければ、翌年以降に繰り越すことも可能だ。

適用されるには一定の条件を満たす必要があるので、詳しい条件は税理士などの専門家や税務署に相談して確認する必要がある。

■譲渡益が出た場合の主な特例

3000万円特別控除：マイホーム売却で利益が出た場合、譲渡所得から最高3000万円まで控除が受けられる。

住居用財産の買い換え特例：マイホーム売却で得た譲渡益のうち、次の買い替えに充てた額は課税されない（譲渡はなかったとみなされ、次に売却をするまで課税が繰り延べられる）。

■譲渡損が出た場合の主な特例

特定居住用財産の譲渡損失の損益通算及び繰越控除の特例（買い替え）：5年を超えて保有する居住用財産を売却して所定の住宅に買い換えた際に、譲渡損が出た場合、この譲渡損をその年の他の所得から差し引くことができ（損益通算）、その年控除し切れなかった譲渡損は、翌年以降3年間繰り越して所得から差し引くことができる（繰越控除）。

5. 仲介業者の選び方

一戸建ての売却の成否は、不動産業者選びにかかっているといっても過言ではない。では、どのようにして不動産業者を選べばよいのだろうか。選び方にはいくつかのポイントがあるが、少しでも有利に売却できるように、本当に信頼できる不動産業者と媒介契約を結ぶようにしたい。

もし、すでに購入したい住まいが決まっているのなら、その購入先の不動産会社を選ぶのもよいだろう。マイホームが売れなければ自分たちの売り出し物件も契約してもらえないので、危機感をもって売却活動を行ってもらえる。また、購入代金の支払いと売却代金の受け取り時期を調整してもらえるなどのメリットもある。

信頼できる不動産会社を選ぶために、最も基本的なことは、免許番号の確認だ。民間の業者が不動産取引を行うためには免許が必要となる。これを確認することで無免許業者との取引を防ぐことができる。また免許を交付した行政庁において、業者名簿を無料で閲覧することができる。この名簿を見ることで、過去の実績や行政処分歴などがわかるので、不安な方は念のため参考にするとよいだろう。免許を交付した行政機関は、国土交通大臣免許と各都道府県知事免許によって異なる。詳細は各行政機関の担当部署に確認する必要がある。なお、国土交通省と一部の都道府県では、免許業者の行政処分情報をインターネットでも確認することができる。

売却を依頼する不動産業者は、宅地建物取引業の免許を受けている業者であればどこでもよいというわけではない。同じ免許を取得していても、その業務内容は会社によって大きく異なる。不動産会社の業務は主に下記の通りに分類することができる。

分譲業者：マンションデベロッパーや開発業者、建売業者など
買取再販業者：新築売れ残り物件や中古物件の買取再販、競売物件の買取再販など
媒介業者：売買物件の媒介、投資用物件の媒介、事業用物件の媒介など
専門系・その他：企画開発業、不動産投資ファンド、テナントビルや商業施設の運営など

自宅の一戸建ての売却を依頼するなら、売買物件の媒介業務を取り扱っている不動産業者を選ぶとよいだろう。売買物件の媒介業務を取り扱っている不動産業者は、土地や一戸建てを中心に扱う業者や、中古マンションを中心に扱う業者などに分けられるが、売買契約をまとめるにはある程度の経験が必要になるため、各業者の取り扱い業務とその実績について、事前に話を聞いておくとよいだろう。

不動産には相場というものがある。この相場を把握し、不動産がいくらで売れるのかを判断するには、相当の専門性と経験が必要になる。専門性と経験の有無を判断するためには、自分の不動産がいったい、いくらで売却できるのかを査定してもらう方法が有効だ。一社に頼んでも比較ができないため、できるだけ複数の業者に査定を依頼したほうがよいだろう。本来ならば、どこの業者も大きな開きはないはずだが、他社に比べて極端に高い査定を提示してくる業者には要注意である。

専属媒介契約を結びたいがために高い査定額を出している場合もあるからだ。また安すぎる査定も、担当者が相場を把握しきれていない可能性がある。

査定を依頼しその結果を比較検討することで、気になる不動産業者は何社かに絞られる。そのなかで本当に信頼できる業者を選ぶために、どうしてその査定額になったのか、しっかりした根拠を聞き出すのも有効だ。「すぐに売れます」などと調子のよいことばかりを言う業者には注意が必要である。また不動産会社としては信頼に値するとしても、実際に担当する営業マン次第ということもある。営業マンと直接話す機会を得たなら、これまでの契約実績（マンションが多いのか、一戸建てが多いのかも含めて）、得意エリア、営業手法などを確認するとよいだろう。また税金や法律などに関する質問をぶつけてみるのも有効だ。売却案件に慣れている営業マンならスラスラ答えられるはずである。

不動産業者を選ぶ際、大手の企業にすべきか中小規模の企業にすべきかという選択肢で迷う人もいるだろう。大手なら確かに信頼もできるし、自社で多く抱えている見込み客のなかから購入希望者を見つけてくれることもある。しかし、一概に大手がよいとも言い切れない。中小規模の方が地元の情報をよく把握していることも考えられるし、親身になって相談に乗ってくれることも考えられる。実際のところは、会社の規模はあまり関係ないといえる。大切なのは、どのような売却活動を行うのかということだ。

一般的に、売却を依頼された不動産業者は、「不動産流通機構」（レインズ）という不動産取引情報提供サイトに登録する。その登録についてはどこの業者だろうと、同条件で情報提供されることになる。大手だから閲覧件数が増えるということはない。ただしレインズに登録しただけでスムーズに買い手が見つかるとも限らないので、そのほかの売却活動としてどのようなことをしてくれるのか、各社に詳しく確認するとよいだろう。

6. 仲介業者を代えたい

不動産を売却するときは、仲介業者を利用して購入希望者を募ることを紹介したが、仲介会社も千差万別で、しっくりこない、不信感がある仲介業者もいるのが現実だ。この仲介会社には任せておけないと思ったら、変更することも必要となる。

仲介業者との媒介契約は、無期限に続くものではないため、成果が出ない場合には変更することに制限はない。

ただし、一方的に媒介契約を解除するとなると、それなりにリスクを伴う。そこで、仲介業者の変更について、知っておくべきポイントを説明する。

まず、仲介業者を変更したからといって売れるかどうかは未知数で、売却活動を最初からやり直すことで売り遅れるかもしれないリスクを覚悟しなければならない。

売れない原因を仲介業者だけのせいにせず、内見対応や価格の面で売り逃していないかなど、多角的に検討すべきだ。

売れない原因が仲介業者にある場合に考えうる理由として、自社の仲介にこだわって不動産流通機構への登録をしない、他社からの問い合わせを排除する「囲い込み」などがあるが、依頼者が実態を把握するのはなかなか難しいというのが実情だ。

内見への対策（掃除・説明）が不十分、相場よりも価格が高いといった売主からも改善できる要素があるなら、仲介業者ともよく話し合うことから始めるべきだろう。

もっとも、最初から、大したアドバイスもくれず、連絡も滞る仲介業者であれば、変更の対象としてよいだろう。

物件情報を拡散させようと、一般媒介契約で複数の業者と契約したり、仲介業者を次々変更したりした結果、売れない物件として市場で有名になると、ますます売れ難くなる。物件情報は鮮度が重要であり、時間が経ち広く出回るほど鮮度は落ちる。少しでも情報を拡散させた方が売れるように思われるが、魅力的な価格の物件なら、そもそも不動産流通機構への登録前に、その仲介業者の顧客内で売れることになる。つまり、情報が広がり時間が経過するということは、それだけ多数の目にとまっても売れなかったというレッテルが貼られ、自然と敬遠されがちになってしまうのだ。

このような物件を「出回り物件」と呼び、売れない物件はどのようにしても出回ってしまうのだが、仲介業者の変更も出回る方向へ向かう可能性があることをリスクとして知っておく必要がある。

また、不動産業界は持ちつ持たれつの関係にあり、仲介業者の変更によりブラック案件扱いにならないかという問題もある。感情が絡《から》むこともあるので、遺恨《いこん》なく変更するのであれば、契約期間満了までやり過ごすのも一つの方法であろう。契約期間満了後に契約更新しなければよいだけなので、わざわざ争いの火種を大きくしてまで早急に変更する必要があるのか落ちついて検討すべきだ。

仲介業者を変更するとして、変更のベストのタイミングとは、いつだろうか。

媒介契約の契約期間は、専属専任媒介契約・専任媒介契約であれば3カ月以内、一般媒介契約なら期間に制限がないため不動産会社と協議して決めることになる。ただ、一般媒介契約においても国土交通省の標準媒介契約約款《やっかん》では3カ月以内としているので、これに準拠している仲介業者との契約であれば3カ月以内ということになろう。

そこで、変更のタイミングとして考えられるのは、媒介契約から3カ月経過後となるが、契約期間は3カ月以内である必要はなく、初めて依頼し不安がある仲介業者であれば、3カ月よりも短い期間に設定してもよいだろう。

媒介契約の契約期間満了時が最も安全にトラブルなく変更できるタイミングであり、今すぐにでも変更したいときは、中途解約のリスクを考えておく必要がある。

では、中途解約したい理由が仲介業者の対応にある場合はどうしたらよいだろうか。例えば、仲介業者が不誠実で怠慢である、故意または重大な過失により真実を隠すなど、契約上の義務違反があったときは、売主から中途解約が可能だ。

ところが、この「不誠実」や「故意・重過失」という基準が曖昧であるために、依頼者が「許しがたい対応」「ひどい対応」だと思っても、仲介業者とトラブルになりやすいことに注意が必要だ。問題となる対応として、「不動産流通機構に登録しない」「不動産流通機構への登録を無断で削除した」「他の業者の問い合わせに応じない（囲い込み）」「約束した広告が出されていない」「購入希望者に嘘を言い売買契約に至らない」「定期的な報告をしない」などがある。

このような不誠実な対応は、仲介業者の規模に関係なく行われることがあり、当然解約理由にあたるのだが、すべての不正・怠慢を発見できるとは限らず、判断が難しいことが多い。

どうしても仲介業者の対応に納得ができなければ、事前に関係行政機関や専門家へ相談してみるなど先手を打ってから解約を申し出た方が話を進めやすい。

この際、仲介業者は多少なりとも売却活動に費用をかけているので、不満をただ主張するだけで簡単に解約に応じてくれるとは考え難い。一度は誠実に対応することを求め、それでも改善されない場合に中途解約を申し出た方がよいだろう。いきなり中途解約したいと言い出すのは角が立ち、すんなりと解約できない可能性がある。

逆に、仲介業者に非がなく、売主の自己都合での中途解約、または客観的に見て仲介業者が常識的な売却活動をしているのに、売主から中途解約する場合は、契約解除による費用償還請求をされる可能性があることに注意が必要だ。

ここでいう費用とは、売却活動における実費で、本来なら仲介手数料に含まれるべき金額のこと。もっとも、この費用がどのくらいになるのかは、物件に関する書類の取得費用、ポスティングなどの広告費用以外は不明瞭である。仲介業者との関係が悪化していると、思いがけず費用請求される可能性もある。

変更の手順について見てみよう。媒介契約に契約期間がある以上、契約更新せずに契約終了にしてから変更先の仲介業者と契約するだけであれば、変更に特別な手続きは必要ない。また、契約を更新するかどうかは当事者の自由に委ねられていることから、更新しない理由をあえて仲介業者に伝える義務もない。

特に専属専任媒介契約・専任媒介契約の場合、売主から契約更新を申し出なければ契約更新されないことになっており、法律にもその旨《むね》が定められているので、勝手に更新されることはあり得ない。仮に、勝手に更新されても、法令違反で無効を主張できる。

したがって、仲介業者から更新の有無について聞かれた場合は更新しないとだけ伝えればよい。仲介業者が何も言ってこない場合や、自分から更新をしないと伝えた場合、自動的に契約は終了する。契約期間が終わったら、次の仲介業者と契約をすることになる。

一方、一般媒介契約は、そもそも複数の仲介業者と媒介契約ができるので、変更先の仲介業者といつでも契約することができる。ただ、例えば、当初一般媒介契約を結んで、後にある特定の仲介業者と専属専任媒介契約を結びたい場合などに、変更の必要があるだろう。

注意したいのは、専属専任媒介契約や専任媒介契約と異なり、一般媒介契約は自動更新の特約（売主が更新の申し出をしなくとも勝手に契約が更新される特約）が定められていることである。

そのため、自ら連絡していないから更新していないつもりでも、更新されている場合があるので注意が必要である。

もし心配なら、契約更新しない旨を記載した書面を仲介業者に送るとよいだろう。そうすれば確実に更新はされず、心配も解消する。万全を期すなら内容証明郵便で送るとよい。慎重を期すのであれば、一度専門家に相談すべきだろう。

一方、中途解約する場合には、なぜ解約するのか、解約理由を告知するべきである。中途解約に相当するほどの理由を示さないと、わだかまりが残り、後に争いになる可能性がある。まずは、現在の仲介業者の対応に不満があることを伝え、猶予《ゆうよ》期間を設けて改善を求め、それでも改善されない場合に中途解約するのがよいだろう。

7. 媒介契約でよくあるトラブル事例

(1)専任媒介契約中に親戚が買いたいと言ってきた

事例： Aさんは自宅の一戸建てを売却するために不動産仲介業者と専任媒介契約を結んだ。その不動産仲介業者の担当者は、積極的に営業活動を行っており、内見も何件か来ていたが、まだ、購入希望者は現れていない。そんなとき、Aさんの親戚Bさんが、Aさんの自宅が売り出しに出ていることを知り、是非買いたいと言ってきた。Aさんとしても、知っている人であれば思い入れのある自宅を大事に使ってもらえるに違いないと思い、話はとんとん拍子に進んだ。結局、Aさんは不動産仲介業者を通さずBさんに自宅を売却した。その後、不動産仲介業者から広告費用等の実費を請求された。支払わずとも問題ないか。

説明： 媒介契約は、前述のように、一般媒介契約、専任媒介契約、専属専任媒介契約の3種類がある。そのうち、専任媒介契約の場合、売主が自分で見つけてきた相手に、仲介業者を通さずに売る自己発見取引が認められている。そのため、本来このケースでは契約違反とならず、違約金も発生しない。しかし、専任媒介契約でも、契約内容によっては、それまでにかかった広告費用などの実費の請求はあり得るので注意が必要だ。なお、専属専任媒介契約では、自己発見取引は認められないので、違約金を請求される可能性がある。このケースでは、Aさんは、まず、専任媒介契約の内容を確認すべきだ。

(2)買主のローン審査落ちでキャンセルされたら、仲介手数料を請求された

事例：Cさんが自宅の一戸建てを売りに出したところ購入希望者が見つかり、不動産仲介業者を通じて売買契約を結んだ。しかし、買主が住宅ローン審査を通らず、不成立となったため、契約は白紙撤回となり、買主に手付金の全額を返金した。

そのとき、不動産会社が支払い済みの半額の仲介手数料を返金してくれないばかりか、決済時に支払うことになっていた仲介手数料の残金まで請求してきた。どうしたらよいだろうか。

説明：仲介手数料は、不動産会社への成功報酬として支払われる。このため、契約が成立しなければ、成功報酬も発生しない。逆にいえば契約が成立しさえすれば、成功報酬が発生するともいえる。とすれば、売買契約締結のタイミングで仲介手数料の半分を支払う旨の仲介契約の内容になっていた場合、契約時にすでに不動産会社に支払った仲介手数料の半額について返金を受けられないことにもなりかねない。

しかしこれでは売主に酷《こく》なので、買主がローン特約に基づき売買契約を解除した場合には、解除

により売買解約は不成立に至ったものと同視でき、仲介業者は委託者に対する報酬請求権を喪失し、仲介業者が売買契約成立時に委託者から受領していた仲介報酬は、直ちに返還すべき義務を負う旨の判例がある。

なお、標準的な売買契約書には、買主がローン不成立の場合は契約解除でき、仲介手数料を返金する旨が記載されている。もちろん、残金の支払いを要求されることもない。

今回のケースでは、Cさんは残金の請求には応じる必要がない。

不動産の契約トラブルは、意外に多い。他人事とは考えず、自分にも降りかかるかもしれないと考えるべきだ。そのうえで、不動産会社との契約では、契約を結ぶ前に、契約書を隅々まで熟読し、わからないところはそのままにせずに必ず事前に確認しなければならない。

また、契約書に書いてあることと違った請求には注意し、言われるまま支払わないように注意が必要だ。

第4章

快適な「住み替え先」の見つけ方

ここまで読んでいただいた方は、自宅の売却だけでもかなり大変だと感じられたと思う。実際、転居先を見つけて引越しするとなるとそれなりの体力と時間を要するため、60歳前後から少しずつ始めた方がよいと、筆者は考える。

では具体的に、「老後の住処」として、どのような住まいがよいのだろうか？

ここでは、「ゆとりある幸せな老後の生活」という観点から、「老後の住処」となる住み替え先について紹介していきたい。

実際に、一戸建てから「老後の住処」への住み替えにあたっては、マンション購入か、老人ホーム・介護施設への入所かのいずれかを検討することになる。ここでいう老人ホーム・介護施設というのは、「特別養護老人ホーム」（特養）、「有料老人ホーム」、「軽費老人ホーム」、「ケアハウス」、「グループホーム」、「サービス付き高齢者住宅（サ高住）」などを指す。

これらの高齢者施設は、本章の後半で説明するので、まずは、一戸建てからマンションへの住み替えについて見ていきたい。

1. マンションに住むメリット

マンションを購入するメリットは何かと問うと、多くの人が「利便性」と答えるだろう。

特に都市部に近いマンションであれば、駅から近い場所に立地することが多く、交通や買い物などに便利で、趣味を充実させる施設にも近く、生活が豊かにかつ楽にできることが大きな魅力といえる。

また、特に日本の新築マンションは、耐久性、耐震性、バリアフリー、セキュリティ、省エネなどに優れていて、設備機能も最先端。室内もフラットなワンフロアで移動しやすい。世界でもトップクラスの水準といってよいだろう。

後述するが、老後の生活において介護施設に移ることも考えられる。そのときには新たな資金が必要になるが、この点でも、マンションは適している。なぜなら、マンションは一戸建てに比べて市場での流動性が高く、売り抜きやすいからである。

ただ、その際、立地が重要となる。マンションの価値は立地に左右される。「都市再生特別措置法」の改正で、国は一定のエリアに都市機能を集約させ、その周辺を居住区域として指定している。高齢化を見据えて居住区域の線引きを始めた自治体も多い。その区域内であれば税制面などの優遇もあり有利だといえるが、そうでなければ、今後、利便性や資産価値が落ちていく可能性がある。立地は、生活基盤を決める重要な要素。慎重な検討が必要である。

また、マンションを選ぶにあたって管理会社の管理の質やサービスの多様化も問われるようになってきた。

マンション生活では管理組合が毎月、管理費と修繕積立金を集めている。これらがどのように使われ、積み立てられているのかにも関心を持つことが大切だ。

これらの使い途《つかいみち》については後述するが、建物などの管理は契約する管理会社に委託しているケースがほとんどである。そのため、つい他人事のように思われがちだが、マンションを管理する主体は、区分所有者全員で構成する管理組合である。そのため、そのマンションではどの管理会社に管理を委託し、どのような管理をしてもらっているのか、契約内容についても確認しておくことが重要だ。

定期的に開催される管理組合の総会に出席すれば、管理費の収支の内容や、翌年度の予算・支出計画などもわかる。一人ひとりがそれらに関心を持ち、気になることがあれば質問し、見直したりすることで、管理や建物の質が適切に保たれる。

有名な広尾ガーデンヒルズは、1984年から1986年にかけて販売された大規模マンション。現在でも価格は落ちず、中古市場でも人気を博している。このマンションが高く評価されている理由の一つが、管理体制である。全国ナンバーワンともいわれている。ともかく、管理体制がしっかりしていることは、立地の次に重要だ。

新築マンションでは、保育室やスポーツジム、ゲストルームなどが完備され、共用施設が充実したところも増えているが、最近では、そうした共用施設だけでなく、居住者の生活面でのサポートに管理会社のサービスが広がっている。例えば、住まいを快適にするためのリフォームやハウスクリーニングの手配、家事代行や高齢者見守りサービスなど、その内容は幅広く多岐にわたっている。

マンション選びにあたっては、このようなサービスについても注目すると、老後の生活がより快適になるだろう。

2. マンションの選び方、見分け方のポイント

マンション選びにおいてチェックするポイントは多数あるが、基本的なことは、後から自力で変えられないものを、まずチェックするということに尽きる。万一思い通りでないとわかったときに、変えることが容易なら不満を解消できるが、変えられない場合は不満を持ちながら生活することになり、ストレスがたまる。

では、後から変えることができないものとは何か？　次の7つが考えられる。

・マンションの立地・周辺環境
・マンションの規模
・マンションの基本構造
・マンションの管理レベル

・室内の広さ、高さなどの空間の広がり
・室内の向き、窓の位置や大きさなど通風・採光
・室内からの眺望（窓からの見通し）

マンションの立地や規模、基本的な構造を変えることはできない。室内でも、空間のサイズや窓の向き・位置、窓からの眺めは変えることができない。こうした点は決して見逃してはいけない。

マンションに長く快適に暮らすには、基本的な構造が重要で、それらには、次の三つの条件がある。

第一に、基本構造が丈夫で長持ちすること。つまり耐久性だ。マンションの構造の多くは、鉄筋コンクリート造りだ。鉄は錆《さ》びると劣化し耐久性に影響があるので、鉄筋の酸化をアルカリ性のコンクリートで厚く覆うことで補強している。

新築マンションであれば、モデルルームを見学する際に、設計上どのような構造になっているのか、コンクリートの密度や厚みはどの程度なのかを確認することができる。一方、中古マンションの場合は、新築時の資料を見れば確認することができるが、劣化が進んでいれば、外壁に大きなひび割れが生じたり、鉄の錆びが染み出て色染みがあったりする。これらの外観チェックを怠ってはいけない。

第二に更新性だ。マンションの構造が頑丈で長く持ったとしても、給配水管やガス管などの配管

類が同じだけ長持ちしないと快適に暮らせない。配管の種類にもよるが、交換の目安は20年から30年というものが多い。したがって、定期的な点検や補修、交換の作業がどうなっているのかもチェックすべきだ。

第三は可変性だ。つまりリフォームのしやすさである。水回りであるキッチンや浴室、洗面所などの床下は、基本的に二重床になっている。コンクリートの床とフローリングの床の間の空間に配管を通すことで点検や交換の作業がしやすく、その空間内であれば移動も可能なのでリフォームしやすいといえる。天井も二重天井となっていれば照明器具の位置も変えやすくなる。

かなり古いマンションでは、床が二重構造になっていない場合もある。この場合、リフォームに制約が生じたり、配管類の点検・補修が難しいといった問題が生じたりする可能性がある。

耐震性は、1981年6月以降の「新耐震基準」が安心の目安といわれている。最近では制振や免震といった地震の揺れを抑え、吸収する工法が登場し、タワーマンションなどで採用されている。

最後に新築マンションを購入する場合のモデルルームの見方や、中古マンションを購入する場合の情報収集に参考となるチェックポイントを挙げるので参考にしてほしい。

・周辺の建物との位置関係
・構造部分の床や壁の厚さ

・天井や床の構造
・給配水管の構造や遮音対策
・基礎部分の耐震対策
・サッシの省エネ性・遮音性対策
・フローリングの遮音対策
・セキュリティ対策

3. 新築か中古か築年数以外にも違いが多い

「最初に住むのは自分たちでありたい」「最新の工法や住宅設備が導入されていると安心する」という人は新築が向いているだろう。

ただし、新築と中古の違いは、単に築年数によるものだけではない。最大の違いは、もちろん価格。例外はあるものの、同程度の条件であれば、築年数に応じて価格は下がるのが一般的だ。中古は価格が下がる分だけ、同じ予算でより駅に近いマンションや、広いマンションを買うことができ、リフォーム費用と合わせても新築より費用を抑えることができるといったメリットがある。

マンションの探し方にも違いが生じる。新築はまとまった住居が集中的に販売されるが、中古は

[図表5]新築マンションと中古マンションの比較

	新築マンション	中古マンション
価格・費用	価格は中古より高い傾向	価格は新築より安い傾向 リフォームが必要な場合あり
選びやすさ	一度にまとまった数の住戸を販売するため、住戸の選択肢は多いが、供給が不規則でタイミングが難しい	1住戸ごとに売り出され、住戸の選択肢は少なく、出たもの勝負
物件ごとの情報量	大型広告などで情報入手は可能	情報量は少ないので、不動産会社を通じて情報を集めることになる
入居時期	完成済みの場合を除き、入居までに時間を要する	スピーディーに入居が可能
物件チェック	完成済みの場合を除き、モデルルームなどでチェック可能	実際の住戸を確認できる。管理状態や管理規約まで確認が可能
構造	耐震性、耐久性、バリアフリー、リフォームのしやすさなど配慮あり	築年が古いと、リフォームが難しい物件もあり
間取り・設備	人気の間取りや最新設備が採用されている	リフォームで改装することも可能
管理組合・入居者	同時期に入居するので仲良くなりやすい	管理組合の活動がわかる

個人の事情で所有する住居を売り出すため、分散して中古市場に出回る。物件ごとの情報量や入居のタイミング、物件のチェック方法も違ってくるので、あらかじめ違いを理解しておくと効率的に探せるだろう。

さらに、中古マンションの場合は、同じ築年数でも管理の状況によっては、建物の状態に違いが生じる。実物を確認できるのが中古マンションの強みであるので、個々のマンションをしっかり自分の目で確認し、心配ならば専門家に相談することが重要となる。

【図表5】で新築と中古のポイントを比較してみたので、参考にしていただきたい。

最近では、リノベーション済みの中古マンションを販売する不動産会社も多く存在する。不動産会社が物件をチェックし、必要な改修をしたうえで販売するので、こうしたものも選択肢となるだろう。

4．管理会社の管理の質もチェック

マンションの共用部分を管理するのは管理組合であり、理事会や理事長が代表して管理を担当するが、日常の管理業務は管理会社に委託するケースが大半だ。管理会社は管理組合との間で委託契約を結び、委託された管理業務を行う。その業務内容は多岐にわたるが、国土交通省のマンション標準管理委託契約書によると、「事務管理業務」「管理員業務」「清掃業務」「建物・設備管理業務」の四つに分類される。

事務管理業務というのは、管理組合の会計や出納などのことである。管理組合の理事会は総会で収支状況や決算状況の報告を行う。実際には管理会社が会計業務や予算・決算案を作成するケースが一般的だ。また管理費や修繕積立金の滞納を防ぐため、催促するのも管理会社の仕事である。

管理会社が派遣して、受付などをするのが管理員業務である。宅配便の預かりや共用施設の予約の受理、外注業者の業務の立会いなど、その仕事内容は様々だ。最近は管理員とは別に、受付を専門とするコンシェルジュのいるマンションも増えてきた。

清掃業務のうち、床の簡単な掃除やゴミ集積所の清掃などの日常清掃は、管理員が行う場合がある。床の洗浄やワックス仕上げなど大がかりな清掃業務は管理会社の清掃スタッフや専門業者に委託するケースが一般的だ。

また、建物や設備の点検や検査を行うのが、建物・設備管理業務である。

5. 大規模か小規模か

近年増えているのが、再開発に伴う大規模なマンション。特に、都市部では、20階を超えるタワーマンションも多く販売されている。２００戸を超えるような大規模マンションと小・中規模マンションでは、そこでの暮らしのあり方も違ってくる。

大規模マンションでは管理組合の総会が開けるような集会所も必要となるうえ、大型キッチンやカラオケを備えた専用ルーム、入居者の関係者が宿泊できるゲストルームなど多様な共用施設を設けているマンションも見られる。

日中は管理員、夜間は警備員が24時間体制で常駐できるのも大規模ならではのこと。費用を戸数で割れば、1戸当たりの負担はそれほど大きくならないからだ。一方、小・中規模マンションには、居住者の顔がわかりやすく、コミュニティを形成しやすいなどの特徴がある。どちらを選ぶかは、住む人の好みによるので、どういった老後の暮らしがしたいのかじっくり検討してから決めるべきだろう。

　もちろん、購入せずに借りることも選択肢の一つだ。その際、購入と賃貸との違いに留意したい。住み替えのしやすさと住居費の柔軟性、資産価値の有無などの違いがあるが、長期的な老後のライフプランやマネープランを考えて判断するとよい。

6．管理会社によるサービスの充実

　マンション管理を請け負う管理会社では、管理組合の運営をサポートするほか、居住者に向けて、マンション生活を快適に暮らしやすくするための様々なサービス、サポートを提供している。特に最近は、シニア向けのサポートを強化している会社が増えている。管理会社のホームページ、情報誌などをチェックしてみてほしい。

　例えば、給湯器などの設備の故障で困ったときや、換気扇・エアコンなどの掃除、衣類のクリーニングや家事代行などは、居住者専用の電話窓口などで受け付け、提携業者を手配してくれるところもある。照明の電球交換や、ちょっとした家具の移動を手伝うなど、痒いところに手の届くサービスを実施している会社もある。費用は依頼内容で異なるが、通常よりも割安な場合が多く、簡単な駆けつけ対応ならば一定の範囲まで無償とする会社もあるようだ。

管理会社によっては、さらに福祉用具の貸し出しや、携帯端末による見守り、訪問介護サービス、看取りサービス、葬儀・遺品整理・納棺サービスなどを提供しているところもある。

住み替えでマンションを購入する際には、管理会社のサービスの充実度は一つの判断基準になるのではないだろうか。

7. 購入時に必要な諸費用と税金

マンションを購入する際に諸費用がかかると説明したが、それらはそれぞれ支払うタイミングが異なる。売買契約時に支払う必要があるもの、登記手続き時に支払う必要があるもの、入居後に支払う必要があるものとおおよそ三つに分かれる。

まず、購入するマンションを決めて売買契約を結ぶ際に、大きな金額が動くことになる。契約時には手付金として物件価格の1割程度を支払うからだ。通常は数百万という額を現金で用意することになるので、あわてなくてもよいように準備しておくことが大切だ。

また、売買契約書に収入印紙を貼って印紙税を納めるために、数万円の印紙代が必要となる。中古マンションの場合は、不動産会社に仲介手数料（物件価格の３％＋６万円と消費税）を支払うが、契約時にその半額を支払うことが多いので、その分の現金も用意する必要がある。

最も諸費用がかかるのが、物件価格の全額を支払い、物件を引き渡してもらうときである。引き渡し時には、頭金（手付金を除く）や諸費用も支払う必要があるので、かなりの金額が動く。計画的に資金を用意することが大切だ。

引き渡しが終わった後も不動産取得税や翌年以降の固定資産税・都市計画税がかかる。それぞれどの程度かかるかは不動産会社に確認するとよいだろう。

マンション購入では、様々な税金がかかるが、居住目的のマイホームについては、税金を軽減する措置も用意されている。印紙税の軽減措置や、固定資産税の軽減措置などがあるが、住宅などに一定の条件が付いている場合もあるので、適用されるかどうかは個別に確認する必要がある。

8. マンション購入のステップ

マンション購入のステップをまとめてみると、およそ次のようになる。

予算を立てる

物件情報を収集して希望条件を整理する

新築：見学し物件を選ぶ

中古：不動産会社を選んで、希望条件を伝えて物件探しを依頼する（媒介契約）
現地見学に行く
物件を決めて購入を申し込む
契約前に最終確認して売買契約を結ぶ
住宅ローンの契約を結ぶ
引き渡しを受けて入居する

十分に確認して納得のうえでマンションを購入したいのなら、購入プロセスの全体像を把握すべきだ。大きく分けて、購入マンションを決めるまでの検討時期と、実際に購入するまでの最終確認時期に分かれる。どちらも大切だが、後半戦が不動産会社のリーダーシップで進むのに対し、前半戦は自分の判断力がものをいうので、やるべきステップを理解しておく必要がある。

まずは、マンションを購入する目的や必要な時期、希望条件を明確にし、おおよその予算を立てる。市場にどういったマンションが売り出されているのか、相場や傾向を知ることも大切。高額マンションほど、立地がよかったり、仕様や設備のグレードが高かったりするので、漠然と見ているだけでは目移りして希望条件だけが増えてしまう。そこで、どのようなポイントに着目して物件を選ぶか優先順位をつけておくことが重要になる。

また、新築と中古では物件の探し方が違う点も注意すべきだ。新築の場合は物件ありき、中古の場合は営業担当者ありきといわれている。新築なら、気になるマンションを個々に見学して販売する不動産会社から情報を得ることになる。一方、中古の場合は不動産会社選びを先にすることがおすすめだ。希望のエリアの情報を多く持っている複数の不動産会社に物件探しを依頼し、最も信頼できる担当者を絞り込んで相談しながら物件を探すことが効率的だ。

物件探しで気に入った物件が見つかれば、実際に現地に行って見学する。複数のマンションを見学することで比較検討ができるので、できれば5〜6物件は見学することをおすすめする。

情報収集や現地見学をしていく途中で、気づかなかった情報を入手し、希望条件や予算が変わることもあるだろう。現地見学した後に、購入目的に立ち戻り、無理のない資金計画であるかについても確認のうえ、物件を絞っていく必要がある。

最終的に購入するマンションを決めたら、購入の申し込みを行う。

コラム⑥ 損害保険もチェック

建物と家財の保険について、各住戸の専用部分については個人で保険に加入する必要がある。火災保険は、火災、落雷、ガス爆発などの破裂、爆発による損害をカバーするもの。自分の住まいでボヤを起こしたとき、床、内壁、天井（躯体《くたい》部分を除く）などの補修は建物の火災保険でカバーできるが、家具、家電、衣類、カーテンなどは対象外である。家財の火災保険に加入していれば、そこから損害額に応じた保険金が受け取れる。自宅の水漏れなどで床、内壁などを補修する際にも火災保険は役立つが、隣家や下の階の住戸に損害を与えた場合は、自分の火災保険では補償できないので注意が必要だ。セットで個人賠償責任保険を付けていれば、相手に与えた損害も補償されるので、この特約を付けておくと安心だろう。

地震、噴火、それらに起因する火災、津波による損害は、火災保険では補償されず、地震保険の対象となる。かつては地震保険には加入していない住戸も多かったが、阪神大震災や東日本大震災の影響もあり、加入者は増加傾向にある。地震保険は火災保険とセットで加入することになる。単独で加入できないが、火災保険の加入中に後から付けることは可能だ。火災・地震ともに保険料は住居地域と建物の構造で決まり、一戸建てに比べると安い。

また、専用部分以外の建物本体や、共用部分については、管理組合が管理し、保険での備えも管理組合で行うので、その火災保険・地震保険もチェックしておきたい。平成25年度の『マンション総合調査』による管理組合の損害保険契約の締結状況では、火災保険は掛け捨て型が58・5％、積み立て型が30・0％で、約9割弱が加入しているものの、地震保険については、

43・2％と全体の半分弱にとどまる。

マンションの区分所有者は、個人の火災保険や地震保険だけでなく、管理組合で契約している保険も確認し、必要に応じて見直すことがよいだろう。また、マンションを購入する際にも、自分自身が加入する火災保険や地震保険だけではなく、管理組合がどのような保険に加入しているかについても確認しておくと安心だ。

9．高齢者住宅も動けるうちに見ておこう

老人ホーム、ケアハウス、サービス付き高齢者向け住宅（サ高住）など、多種多様化した現代の高齢者向け住宅。一昔前までは、養老院といった趣《おもむき》の老人ホームが主流だった。しかし、現在では、人生を謳歌《おうか》したいという高齢者向けのシニア向け分譲マンション、サービス付き高齢者向け住宅から、要介護3以上で自力での暮らしが困難になった人向けの特別養護老人ホーム（特養）など、介護の不安を解消し、快適に暮らせる高齢者住宅の整備が進んでいる。
次の **【図表6】** が、そうした多様化した老人ホームの一覧で、施設の特徴とかかる費用の目安を簡単にまとめたものだ。これを参考にしながら、読み進めてほしい。

[図表6]老人ホームの種類別費用の目安と特徴

要介護度	施設の種類	費用の目安(月)	特徴
↑ 軽い	1、シニア向け分譲マンション	物件購入後、管理費+生活費で数十万円	食事、家事代行、レクリエーションなどのシニア向けサービスあり。売却、相続、賃貸が可能。
	2、グループリビング	家賃と食事代などで12万～20万円。初期費用あり	身の回りのことができる60歳以上が対象。個室+共同設備の老人向けシェアハウス。
	3、生活支援ハウス	10万円+生活費(食事、光熱費などの実費)	主に自治体が運営。介護保険施設のサービス利用者で家族の支援が困難な人向けの福祉施設。
	4、シルバーハウジング	家賃+生活費(年間所得により1万～10万円程度)	URなどが運営するバリアフリー設備を施した公営住宅。介護は別途契約。
	5、サービス付き高齢者向け住宅	賃貸契約で、家賃・管理費・食費などで15万～30万円	特養などに入居できない人の受け皿的施設。在宅介護事業所が併設されていることが多い。
	6、有料老人ホーム健康型	一時金(数百万～数千万円)+月額利用料(30万円程度)	自立した高齢者がシニアライフを楽しむための施設。ジムやプールなど設備が充実。介護認定を受けると退去も。
	7、有料老人ホーム住宅型	一時金(数百万～数千万円)+月額利用料(20万円程度)	健康者と要介護者の両方を受け入れ。介護は別途サービスを利用。
	8、有料老人ホーム介護付き	一時金(数百万～数千万円)+月額利用料(15万円程度)	65歳以上で、「要介護度1」以上。施設常駐のスタッフによる介護サービスと生活支援サービスを提供。
	9、養護老人ホーム	利用料として0～10万円	生活困窮者を対象とした老人向け養護施設。65歳以上で身の回りのことは自分でできるのが条件。入居には自治体による審査が必要。
	10、軽費老人ホームA型	初期費用なし、利用料6万～17万円	身寄りがない生活困窮高齢者向け。食事提供と見守りがあり。要介護者には不対応。
	11、軽費老人ホームB型	初期費用なし、利用料3万～4万円	身寄りがない生活困窮高齢者向け。夫婦でOKのところも。食事なし、見守りあり。
	12、軽費老人ホームケアハウス	30万～数百万円の保証金または初期費用、利用料7万～20万円	「一般型」と、要介護認定者を受け入れる「介護型」の2種類。原則として個室。見守り、食事・掃除・洗濯などの援助あり。
	13、認知症高齢者グループホーム	初期費用0～数百万円、利用料15万～30万円	65歳以上で要支援2または要介護1以上の認知症患者を受け入れ。個室で、キッチン、お風呂などは共同。
	14、介護療養型医療施設	利用料10万～20万円	病院併設のところが多い。65歳以上で「要介護1」以上。いわゆる「老人病院」で医療施設のため、医師・看護師が常勤。
	15、介護老人保健施設	初期費用なし、利用料8万～15万円	65歳以上で「要介護1」以上。在宅復帰をするためのリハビリ施設のため、3カ月～半年で退去が基本。
重い ↓	16、特別養護老人ホーム	初期費用なし、利用料5万～13万円	65歳以上で「要介護3」以上。寝たきりや認知症患者などのための施設。介護とリハビリ、生活支援を提供。

出典：『不要なクスリ　無用な手術――医療費の8割は無駄である』
（富家孝・著、講談社現代新書、2016）

前頁の【図表6】にあるように、多様な高齢者住宅のなかから、自分に合った住宅を選ぶのは一苦労。介護が必要になってから、あわてて老人ホームなどを探そうとすると、その複雑さに途方に暮れる方が多いのも事実だ。

住宅探しは、自分に合ったものを選べる判断力と見て回る気力・体力がどうしても必要となる。自分の生活の面倒や介護をお願いし、身を委ねることになるからなおさらである。頭と身体がしっかりと働き、自分に合った住宅を選べる体力と気力があるうちに始めることが大切だ。

高齢者住宅の入居条件を確認してみよう。

入居条件でまずチェックすべきポイントは、入居時に「介護が必要な状態＝要支援・要介護」であるのか、「身の回りのことは自分でできる状態＝自立」であるのかという点だ。この違いで、入居できる高齢者住宅のタイプが絞られる。ここで注意しなければならないのは、今後年齢とともに健康状態が日に刻々と変化していくということだ。

「満足のいく住宅がやっと見つかった！」と思ったのもつかの間、体調を崩したり大怪我をしたりして、寝たきりになり要介護となれば、せっかく見つけた住まいに住めないということになるかもしれない。

一方、要介護者が入居する介護施設を探す場合、まず候補に挙がるのは公的な支援があり、比較的費用が安い特養（特別養護老人ホーム）であろう。しかし、特養を必要としている人に対して圧倒的に施設の数が足りておらず、入所待機者は、2009年から4年間で約10万人増え、約52万人である。最近では、入居者を絞るため、入居要件を原則として要介護3以上に変更したが、それでもなお入居希望者が多く、入居待機者は増加傾向だ。

公的施設に入れなかったり、サービス水準が希望通りに適わなかったりした場合、次に有力な選択肢となるのが民間の高齢者住宅だ。具体的には有料老人ホームやサ高住（サービス付き高齢者向け住宅）、シニア向けマンションなどが該当する。

それぞれの高齢者住宅ごとに独自性の高いサービスを展開しており、その線引きは曖昧になっている。確認しておきたいのは、施設の種別により異なる「介護保険の使い方」だ。この点に十分注意して、高齢者住宅を選ばなければならない。

(1)有料老人ホーム

有料老人ホームといえば、どれも介護を提供してくれる住まいと考えがちだ。しかし、有料老人ホームにも種別がある。**【図表6】**にあるように、大きく三つのパターンがあるといえる。一つは「健康型」で、これは健康な高齢者が、シニアライフを楽しむために入居するもの。そして次が「住宅型」で、これは健康な人と介護が必要になった人の両方を受け入れている。そして三つめが、「介護付き」である。

「住宅型」も「介護付き」のどちらも食事や清掃といった日常生活のサポートが受けられる点は共通だが、大きな違いは介護の受け方である。要介護になったときにも切れ目のないサービスを受けたいなら「介護付き」が安心だ。元気なとき、そして、軽介護くらいまでは自立棟で過ごし、介護度が進んだ場合には、施設側と合意のうえで介護棟に移行して常時ケアを受けるケースが一般的である。

自立棟から介護棟への移行の際には、一時介護を最大で6カ月間試してみて、介護棟で安心して生活できることを納得してから移行できる施設もあるようだ。

介護付き有料老人ホームは、「要介護者3人に対し介護職員1人（3：1）」以上の職員配置が法令上義務づけられている。もちろん、2：1となれば、より手厚く目配りの届いた介護を受けることも可能となるが、やはり料金次第。介護が手厚くなれば料金も高額となる。「住宅型」のホームは、快適な住環境、栄養管理された食事などの生活支援サービスを提供する住まいである。

介護が必要となったときは、自宅にいる場合と同様に、ケアマネージャーにケアプランの策定を依頼し、介護事務所と個別に介護サービス契約を結ぶことになる。これは多くのサ高住などの住宅系サービスも同じ。「何でもすべてお任せ」とまではいかないが、ニーズにあった介護用品を自由にレンタルしたり、昔から顔なじみのヘルパーにケアしてもらえたりするなど、融通を利かせやすい点は魅力だ。介護付き有料老人ホームは、そのホームの職員が介護サービスを提供する。要介護の程度によって1日あたりの介護費用が決められているので、いくらサービスを利用しても一定額以上の費用はかからないのが原則だ。

これに対し、住居型有料老人ホームは、外部の介護サービスを利用するため、サービスを利用するたびに費用が発生する。そのため、介護サービスの利用頻度が上がると介護付き有料老人ホームよりも介護費用が高額になることがある。また、重度の要介護状態になると、退去しなければならないこともありうる。

前記したように、有料老人ホームのなかには、「健康型」と呼ばれるホームがある。ここでは、基本的に食事などの生活支援サービスは提供されるが、介護が必要となると原則として退去しなければならないことが難点だ。

有料老人ホームでは、入居一時金をめぐるトラブルが跡を絶たなかった。そもそも、入居時に数千万円もの大金を支払って入居したにもかかわらず、すぐに亡くなってしまったり、様々な事情で退去した場合、入居一時金がまったく返還されなかったり、ごく一部しか戻らないなど、契約、解約にまつわるトラブルが一時期相次いだ。また、終の棲家と決め、自宅を処分して入居したにもかかわらず、生涯を預けた有料老人ホームが倒産し、返還金もなく退去せざるを得なくなり、路頭に迷うことも。

この問題に対処すべく国が動いた。２００６年4月以降に開設された有料老人ホームには、入居一時金の保全措置を取ることが義務付けられた。事業者は返還に備えて銀行等と連帯保証委託契約を結ぶことなどが求められたのだ。また、老人福祉法施行規則が改正され、2012年4月以降に入居した人については、入居一時金返還ルールが明確化された。契約締結日から3カ月以内に入居者が死亡したり、解約の申し出をしたりした場合、事業者は入居一時金から実際に住んだ日数分の利用料を差し引いた金額を全額返還するクーリングオフという制度が設けられた。契約時には、この短期解約特例制度が入居契約書等に明記されているか是非チェックしてほしい。

せっかく入居した有料老人ホームも、暮らしてみたら不満が出てきたり、自分に合わなかったりして退去することもあり得る。そうした場合、入居一時金はどれほど返還されるのであろうか。

入居一時金を検討するうえで重要なのは「初期償却」と「償却期間」だ。初期償却は、入居した時点で有料老人ホーム側の取り分となる金銭で、仮に入居一時金が2000万円で、初期償却率が30%であれば、入居時点での有料老人ホーム側の取り分は600万円となる。では、残額の1400万円はどうなるのか。そこで、問題となるのが償却期間だ。償却年数が5年である場合、5年間かけて1400万円が償却されることになるので、入居後1年で退去した場合の返還金は1120万円、2年後は840万円、3年後は560万円、5年後は退去しても返還金なしということになる。

「ホームが自分に合わないかも」「ホームが自分に合っていなかったら、高額な入居金が無駄になるかも」と不安に思っている高齢者や、特養に申し込んでいて入所までのつなぎに介護付き有料老人ホームに入りたいという高齢者にお勧めなのは、入居一時金ゼロの有料老人ホームだ。気軽に入居でき、住み替えもしやすいとあって、人気が出ている。

有料老人ホームは、何といっても共同生活の場。様々な人が集まってくるため、やはり、多少の我慢を強いられることは覚悟しなければならない。これまでの一戸建てでの生活スタイルのままで生活し続けることはできない。長年の生活スタイルを変更することに耐えられるだろうかと心配になる高齢者も多いだろうが、そうした心配は不要となる有料老人ホームが増えている。有料老人ホームも進化し続けて、多様化しているようだ。

老後はリゾートライフで人生を満喫したいという方には、例えば、沖縄のオーシャンビューの有料老人ホームなど検討してみてはどうだろうか。抜けるような青空とエメラルドグリーンの海を見ながらの優雅な暮らしは、これまでの日常生活を一変させ、不安も解消してくれるだろう。

また、愛犬と離れたくない人には、ペットとともに暮らせる老人ホームを探してみてはいかがだろうか。ペットは、他の入居者とのコミュニケーションにも一役買ってくれる。不安でいっぱいであった老人ホームでの生活を楽しいものに変えてくれるだろう。

最近では、介護にハイテクロボを導入している老人ホームもある。歩行を補助してくれるロボットスーツや、会話支援装置など、暮らしに安心を与えてくれるだろう。

(2)様々なサービスが受けられるサ高住

「高齢者が安心して暮らせる」住居として注目されるサービス付き高齢者住宅は、高齢化社会のニーズに対応して整備された住まいの形態である。自立生活ができる人や軽介護者向けではあるが、特養への入居が難しい今、特に注目されている。

有料老人ホームと異なり、賃貸住宅であるが、入居費用が比較的安いことや、居室の広さも原則25平方メートル以上と十分な広さがあることが魅力の一つだ。

利用対象者は、原則60歳以上の自立、または要支援者・軽度の要介護者である。住居設備もバリアフリー化されており、また、ケア専門家が日中常勤し、入居者の安否確認と生活相談を行うことが標準サービスとして義務付けられている。高齢者の親を家に一人にしておけない家族にとっても大きな味方だ。家族の精神的・肉体的負担を軽減してくれる。ただ、食事や介護などのサービスは選択制なので、これらを標準サービスだと勘違いしていると、費用面で問題が生じる可能性もあるので注意が必要だ。また、要介護度が高くなると住み続けることができなくなる点も、注意すべきデメリットだ。

入居者の安否確認と生活相談のサービスに加え、食事サービス、洗濯・掃除などの家事サービス、入浴などの介護サービス、健康の維持増進サービス、外部の医療機関と連携した医療サービスを受けられるサ高住もある。ケアスタッフだけでなく、看護師が24時間常駐して医療的ケアを含めた手厚いケアを行い、看取りまで行っているサ高住さえある。それぞれの施設で提供しているサービス内容や費用に差があるのは事実。自分に合ったサ高住を選ぶことが大切だ。

入居費用についてもメリットがある。民間の有料老人ホームでは、高額な入居費を要求するところも少なくない。入居費の金額を見て、検討を控えようと考えた方も多いだろう。これに比べ、サ高住は家賃の2カ月から3カ月分程度の敷金を支払えば入居が可能なところも多い。施設によっては、将来の家賃を前払いする制度を採用している施設もあり、入居時の費用が一時的に高額に見えてしまうこともあるが、そこは冷静な判断が求められる。なお、礼金や権利金、更新料といった名目の金銭の受け取りは禁じられている。そのため、入居時に支払うのは、敷金、月額家賃、共益費、サービスの対価のみだ。経済的負担を最小限に抑えられることから、まだ介護は必要ないが将来を考えると不安という単身者や、夫婦のいずれかが要介護となった高齢夫婦の住み替えの受け皿として人気を博している。

夫が要介護になった場合、妻は夫の介護のために趣味や外出をあきらめざるを得なくなることが多く、その結果、精神的ストレスが蓄積し、また健康面でも問題が生じ、妻まで要介護となってしまったという話をよく耳にする。しかし、夫婦でサ高住に住んでいれば、夫の食事の心配は要らなくなるし、見守りはケア専門家に任せて安心して外出できるので、妻の負担は軽減される。もちろん、その逆もしかり。要介護の妻を抱えた夫にとって、食事づくりや身の回りの世話をするのは簡単ではない。これまで妻に家事を任せっきりであったならばなおさらだ。サ高住で食事サービスなどを依頼することで、不安を解消できるはずだ。

(3)シニア向け分譲マンション

サ高住は賃貸住宅なので、もちろん入居者に所有権はない。有料老人ホームも然《しか》りだ。

これに対し、通常の分譲マンションと同様に、買い取って所有権を持てる高齢者住宅がある。シニア向け分譲マンションだ。サ高住や有料老人ホームと同じように食事サービスがあり、ケアスタッフが常駐して見守りや緊急時の対応をしてくれる。

しかも、買い取りなので所有権を持つことになる。つまり、そのマンションは相続対象となるうえ、自分が利用しなくなった場合には人に貸して賃料を得ることも可能なのだ。販売価格は新築物件の場合、数千万から1億円以上となる。不動産取得税や毎年の固定資産税の支払いなど通常のマンション購入の場合と同様に諸々の経費が発生する。

シニア向け分譲マンションの毎月の管理費は、通常のマンションよりかなり高額となる。それは、食堂、大浴場、余暇のための施設など共用部分が広いことと、見守りや生活支援のために常駐しているスタッフの人件費がかかるためだ。月額管理費は、シニア向け分譲マンションの物件ごとに異なるが、大体4万円から10万円程度。このほか、修繕積立金が1万円前後、食費が4万円から5万円、水道光熱費等が1万円くらい必要なので、1カ月にかかる費用は10万円から17万円くらいになる。

しかし、中古で購入すれば初期投資を抑えることができ、月々の費用はサ高住や有料老人ホームよりは安くなる。そのうえ、豪華な共用施設を無料で利用でき、自分の資産にもなるので、検討する価値は十分にあるだろう。

シニア向け分譲マンションに住んでいて要介護となった場合、介護保険を利用して外部の介護サービスを受けることになる。軽度であればそれで対応できるが、寝たきりや認知症になった場合、介護付き有料老人ホームやグループホームなどに住み替えなければならない可能性もある。賃貸のサ高住ならば気軽に転居できるが、シニア向け分譲マンションの場合はそうは行かない。また、いざ売却しようとしてもなかなか買い手がつかない場合、毎月の管理費を自ら負担しなければならず、賃貸しに出すことも検討しなければならない。購入時に要介護になった場合の対応も検討し、しっかり確認しておくことが何よりも重要といえるだろう。

多くの人は、高齢者住宅や介護施設を選択することは初めての経験のはず。しかし、要介護者の住まいを探す場合には、時間がないことがほとんど。そんななか、頼りになるのは、最寄りの市区町村の福祉窓口や地域包括支援センター。時間がないと妥協しがちであるが、専門家の知恵を借りることでよりよい住まい選択ができるだろう。

一方で、自分が快適に過ごすための高齢者住宅探しである場合、比較的時間に余裕があるだろう。その場合は、インターネットで下調べすると効率的だ。大手検索サイトから条件に合った住まいを絞り込むことができ、施設のパンフレットも公表されている。

また、権利形態や費用は、高齢者住宅の類型によって異なり、かなり複雑になっている。例えば、有料老人ホームでも、その種類や経営方針によって、「入居一時金」「月額費用」「介護保険」「サービス料」など必要となる費用も多様である。専門家のアドバイスがあると心強く、思いもしない費用がかかることを防ぐことができるだろう。

このように高齢者住宅では、物件のリストアップや見学、契約だけでなく、資金の用意など、やらねばならないことがたくさんある。何から手を付ければよいのだろうか。

まず、保有資産の棚卸《たなおろ》しである。入居する住まいの金銭的な目安を決めるのに重要となる。「入居一時金」「月額費用」「介護保険」「サービス料」など必要な費用と比較し、シミュレーションする。住み替えしたにもかかわらず、金銭的に新生活を維持できないのであれば、意味がない。

次に、自分が求める条件に優先順位を決める。例えば、「医療や介護の充実具合を優先する」や「都会に近く買い物に便利な立地」など、自分にとってどのような考慮要素を優先すべきかを検討する。優先順位はこの後物件を見学することにより入れ替わる可能性もある。

重要なのが情報収集である。インターネット上で入手するのが手っ取り早いが、腰を落ちつかせじっくり相談したいのであれば、民間の相談センターを利用してもよいだろう。

自分の条件に合った物件を絞り込む。有力候補となりうる高齢者住宅を、できれば10カ所以上はリストアップして、自分の目で確認する必要がある。絞り込む際には、少なくとも以下のポイントを押さえておきたい。

・交通が便利か
・経営は健全か（特に入居率がポイント。80から90％以上はほしいところ）
・どのような介護サービスが用意されているか
・想定居住期間と初期償却の有無
・自炊は可能か、食事は複数メニューから選択できるか
・有料サービスの種類や料金は納得いくか
・介護棟への住み替えの際に、追加費用は必要か
・家族との面会に時間制限があるか
・職員が散歩など外部に連れ出してくれるか
・家族の自宅との距離は近いか

最後に見学や体験入居をすることになる。施設に連絡して足を運び、入居者の様子や職員の対応などを自分の目で見極めるのだ。夫婦で入所する場合は、是非一緒に見学してみるとよい。夫と妻では住まいを見る視点がまったく異なり、各々参考になるだろう。季節を変えて再度見学や体験入居すると、前回とは異なる大きな発見が見つけられる可能性もある。もっとも、ネット情報ではいつでも体験入居できるような書き方をしている施設は多いが、やはり人気の施設はなかなか難しいようだ。

まだ頭も身体もしっかりしているうちに、早めに少しずつ準備を進めておくことが、将来の住み替え成功の秘訣である。

コラム⑦ 高齢者住宅の基本Q&A

Q. 認知症が進行すると追い出されてしまうのか?

A. 認知症が急激に進んでしまった場合、家族と病院で診断を受け、投薬で病状の緩和を図る。また、徘徊《はいかい》などの症状が出ても安全には配慮されている。

それでも、暴力・暴言で共同生活が送れないようになると、退去の可能性はゼロだとはいえない。介護を外部サービスに頼るサ高住などでは24時間介護が難しくなるため、住み替え先を探す費用が必要となる。

Q．高齢者住宅は「相続」できるのか？

A．有料老人ホームの入所契約は、一般的に部屋、設備、サービスを利用するための利用契約である。仮に契約者が亡くなった場合には、契約は終了し、利用する権利も消滅するため、相続人がその権利を相続することはできない。

また、サ高住は賃貸借契約であり、有料老人ホーム同様に相続することはできない。

シニア向け分譲マンションを購入すると所有権を持つことになるため、相続対象となるが、未入居期間であっても固定費が発生するため、注意が必要だ。

第5章

どうしたらよい？「身じまい」

一口に「家じまい」といっても、一戸建てを売ってマンションに住み替えるという話だけでは終わらない。「老後の住処」を定めることとともに、やらなければならないことは多岐にわたる。つまり、どうやって自分の人生を終えていくのかを、「家じまい」とともに考えなければ、「ゆとりある幸せな老後の生活」はやってこない。

この章では、これらのことを「身じまい」と呼んで、どうすべきなのかを考えてみたい。

1. カーシェアリング

(1)自動車の重要性

健康長寿のポイントとして、積極的に外出する習慣を挙げたが、高齢者の外出機会を支える手段として、自動車は大きなウェイトを占めている。特に、高齢者の外出手段に関する意識調査（内閣府『平成26年度高齢者の日常生活に関する意識調査結果』）によると、外出にあたり57・4%を超える高齢者が自動車・バイク・スクーターを利用している。

一方で、自動車の運転にはリスクがつきまとう。最近、高齢者ドライバーによる「逆走」、「急発進」、「ブレーキ踏み間違え」による事故の報道をよく耳にする。歩行者を含む交通事故死に占める高齢者（65歳以上）の割合は、50％強と、半数を占める。高齢者は、認知症、がんといった病気のほかに、モビリティの場面でも大きなリスクを抱えているのだ。

このような話を高齢者にすると、「まだまだ若い者には負けない」「馬鹿にするなよ」などと言われる方が多い。年齢が上がると急激に事故率が上がるという単純なものではないのは確かだ。人口に占める若年層が減り、さらに若年層での自動車離れも相まって、若い運転者が減っている一方、団塊《だんかい》の世代を境に高齢者の免許保有率は高くなり、また高齢者人口は27・3％まで増え、高齢者ドライバーが増えているという理由もあるだろう。

しかし、事故の内容を見てみると、出合い頭や右折時など交差点での事故が多いという傾向にある。交差点に事故の原因となる危険要因が多く、様々な確認をして対応しなければならないため、脳にかかる情報処理負荷が高いが、高齢者は運転時にその負荷に対応しきれないといわれている。

交差点の確認箇所は、ケースバイケースではあるが、瞬時に様々なものを見なければならない。この瞬時に認知し、判断し、対応する能力が高齢になると衰えてしまい、見えていないにもかかわらず「見ている」と勘違いしていることが多いのだ。いわゆる、「ぼんやり運転」である。また、信号無視や逆走も実はこの「ぼんやり運転」が原因なのだ。つまり、見えていないので、信号や標識の「見落とし」をしてしまい、事故が起きる。

気力は維持できるかもしれないが、加齢による身体的能力の衰えは避けることはできない。単に

[図表7]カーシェアリング、レンタカー、マイカー比較

	カーシェアリング	レンタカー	マイカー
費　用	初期費用（入会金など） 月額費用 利用料金	利用料金 付帯料金 （保険・オプション）	車両代 自動車税 登録費用（自賠責保険料・リサイクル料など） 車庫証明費用 駐車場代 ガソリン代 メンテナンス代
支　払	月払い	前払い	随時払い
ガソリン代	利用料金に含む	使用分別払い （満タン返却）	都度払い
自動車保険	利用料金に含む	任意	任意
利用時間	15～30分単位で利用	6時間から利用可能	自由
貸出場所	カーステーション	営業所	―
貸出手続	PC・スマホ・携帯からの予約のみ	PC・スマホ・携帯からの予約＋所定書類記入	―
貸出・返却時間	24時間いつでも	営業所の営業時間内	―

「私の運転は大丈夫だ」というのは、健康診断にも行かず「私は健康だ」と言っているようなもの。一度、健康診断のように、自動車教習所で自分の運転能力をチェックしてみてはいかがだろうか。

身体的能力や体力の衰えは、自動車運転をすぐに止めることにはつながらないものの、だんだんとその機会を奪っていく。運転機会が少なくなると、自動車の維持費用ばかりが目に付くようになる。

特に車検や自動車税の支払いの際に、気づくことが多いのではないだろうか。実際、1000ccクラスのクルマを維持するだけで、保険料、税金、駐車場代、消耗品代などで約2000円／日程度かかる。

自動車を運転できる環境は維持したい、しかし、クルマの維持費用は減らしたい、高齢者からこうした要望を聞くことが多くなってきているのが実情だ。

これを解決する方法として注目されているのが、「カーシェアリング」という仕組みだ。「カーシェアリング」とは、マイカーを所有するのではなく、複数の人が車を共同で使用（シェア）するシステムのこと。事前に会員登録し、使いたいときに予約すればよいだけで非常に簡単であり、好きなときに好きな時間だけ自動車を利用することができる。

コストが安いのもカーシェアリングのメリットの一つだ。

例えば、マイカーと異なり維持費用（車検代、自動車税、保険料、駐車場代など）は不要なうえ、料金は利用時間分だけ支払えばよいので、レンタカーのように、余裕をもったレンタル時間にしたことで実際に使用した時間以上の料金を支払う必要もない。

車に毎日乗るわけではないのであれば、維持費用がかかるマイカーではなく、カーシェアリングを利用してはいかがだろうか。

カーシェアリング、レンタカー、マイカーを比較したので、**【図表7】**を参考に検討してほしい。

（2）一度試してみることが重要

このような便利な仕組みがあるにもかかわらず、高齢者の利用率は上がっていない。その理由の一つとして考えられるのは、「仕組みがわからないこと」だ。

これまでクルマといえば、マイカーかレンタカーのいずれかであり、それらの仕組みはよくわかっている。しかし、カーシェアリングとなると、どうすれば予約できるのか、どこでクルマを借りられるのか、保険は、ガソリン代は、など知らないことばかり。

そこでおすすめするのが、60代の早い段階で一度利用してみることだ。「百聞は一見にしかず」というが、新しい仕組みは体験してみないと理解できないもの。是非確認して試してみるべきだ。

2. 訪問介護サービス

「訪問介護」とは、要介護認定で「要介護」と判定された高齢者が、可能な限り自宅で自立した日常生活を送ることができるよう、訪問介護員（いわゆる「ホームヘルパー」）が高齢者の自宅を訪問して行う、掃除・洗濯・買い物・調理などの生活支援（生活援助）や、食事・排泄・入浴などの介護（身体介護）をいう。

［図表８］訪問介護事業者選びのポイント

	ポイント	内容
1	営業時間で選ぶ	ホームヘルパーに来てもらいたい曜日や時間帯に対応可能かどうかで選ぶ。例えば、土日など週末の訪問介護や、深夜の訪問介護を希望する場合には、土日や深夜に営業している訪問介護事業所を選ぶ必要がある。
2	馴染がある事業所を選ぶ	馴染がある事業所であれば信頼がおけるのではないだろうか。例えば、担当のケアマネージャーが所属している会社の訪問介護や、デイサービスと同じ会社の訪問介護を使用するというのも、一つの手だ。
3	自宅からの距離で選ぶ	「何かあったときにすぐに対応してもらえる近さがよい」と自宅から近い訪問介護事業所を選択するケースも多い。 一方で、「知り合いがヘルパーかもしれない」と自宅から少し離れた訪問介護事業所を選ぶ方もいる。
4	訪問時のヘルパーの服装や車で選ぶ	「訪問介護を利用していることを近所に知られたくない」とのことから、訪問時の服装や車が訪問介護であることがわからないもので来てくれる事業所を選択する方もいる。

サービス内容、サービス時間などによって高齢者の負担金額が異なるので、介護保険が適用されるサービス内容なのかなど、事前に確認する必要がある。

シニア向けマンションなどでは管理会社から訪問介護事業者を紹介してもらえることもあるが、自らのニーズにあった訪問介護事業者を選ぶことが一番重要である。その際のポイントを**【図表8】**にまとめたので参考にしてほしい。

なお、自宅で医師の診療を受ける「訪問診療」とは、医師の診療を定期的に受ける必要があるが、通院するのが困難という患者の自宅に医師が定期的に伺い、診察や治療を行うものである。転倒や寝たきりの予防、肺炎や褥瘡《じょくそう》（床《とこ》ずれ）などの予防、栄養状態の管理など、予測されるリスクを回避し、入院が必要な状態を未然に防ぐことも重要な役割だ。

将来、訪問診療が必要となる可能性もあるので、今のうちから訪問診療に対応可能なかかりつけ医を探して決めておくとよいだろう。

3. 生命保険を活用した相続対策

将来生じ得る相続に向けて、生命保険の利用を検討してみるのもよいだろう。

(1)〝争続〟対策

相続トラブルの定番中の定番は、例えば、複数の兄弟姉妹がいるのに目ぼしい相続財産が自宅だけというケースである。

両親と自宅で同居していた長男がこのまま住み続けたいと主張した場合、他の兄弟姉妹との間でいわゆる「争族問題」が勃発する。長男が、自宅を相続する代わりに、他の相続人に代償金を渡すことができれば問題ないが、資金的な余裕がなければ現実的な方法とはいえない。自宅を売却して金銭を相続人間で分け合う「換価分割」もあるが、現在住んでいる自宅を売却することもできず、代わりの家を探さねばならない。本当に買い手が現れるのかという心配もある。

このような打つ手がない状況に陥らないためにも、事前の準備として、生命保険に加入しておくとよいだろう。

生命保険金は相続財産には含まれず、保険金受取人の固有財産となることから、長男を保険金受取人とする終身死亡保険に加入しておけば、保険金を代償金に充てることができ、「争族問題」を回避することができる。

(2)相続税対策

生命保険の非課税枠を利用することにより、相続税対策を行うことができる。生命保険の死亡保険金は、相続人一人につき500万円までが非課税となる。

相続税は、非課税分を差し引いた金額が課税対象となるため、非課税部分が節税対象となる。

すなわち、将来相続財産となる被相続人の財産から生命保険料を支払い、相続人が非課税枠を利用して保険金を受け取れば、非課税で財産移転をしたのと同じ効果を期待できる。

また、相続財産が不動産のみで、現預金がほぼない場合、相続人にとって相続税の納税資金の捻出は非常に頭が痛い問題であるが、相続税の納税資金を生命保険の保険金でまかなうことも考えられる。

(3)相続放棄しても受け取れる

相続財産として多額の借金もある場合、相続人は相続放棄をすると、借金だけでなく財産は一切相続することができなくなる。

しかし、生命保険金は、放棄した相続人でも受け取ることができる。多額の借金がある方にお勧めの対策といえる。

4．遺言の作成

(1)今すぐ確認！　もめるパターン11例

不動産が絡むと相続でもめやすいことはすでに説明した通りだ。相続トラブルを事前に回避する方法として有効なのは、遺言を作成しておくことだ。

相続トラブル回避方法である遺言作成について検討する前提として、相続でもめるパターンを把握しておくことが重要である。一般的にどのような要因が絡むともめるのかを理解しておけば、どのような場合に遺言を作成すべきなのか、どのような内容の遺言を作成すべきなのかについても理解することができる。不動産に限らず、もめるパターンには共通点がある。対象を不動産から広げて、一般的にもめるパターンを紹介する。一般的にもめるパターンを知ることで、将来の〝争族〟トラブルを回避することにもつながる。以下、もめやすいパターンを11例挙げる。

①兄弟姉妹の仲が悪い場合

遺産分割協議は、相続人全員の合意が必要である。兄弟姉妹の仲が悪いと、協議がまとまらず、遺産分割協議が長引く可能性がある。兄弟姉妹が対立関係にあると、何よりも他の兄弟姉妹に負けたくないという気持ちが強くなる。もともとは相続財産についてそれほどこだわりがなくても、自分が相続財産をもらわないことで兄弟姉妹の相続分が増えるのはおもしろくない。かつて親から多額の現金をもらっていた兄弟姉妹に対して、その分は絶対取り返したい、などと意地になっていることもある。

誰にどの財産を渡すかを明確に遺言《ゆいごん》に残しておけば、遺産分割協議を経ることなく遺産分割が可能になる。例えば、元々仲がよかった兄弟が、遺産分割協議を機に仲違《なかたが》いし、家族の交流もなくなりギクシャクした関係になるような悲劇も防ぐことができる。

②相続させたくない相続人がいる場合

親不孝な子どもや自分の面倒をまったく看てくれなかった子どもには財産を残したくないと考える方もいるだろう。相続させない、または相続分をゼロにするような遺言を作成して、財産が渡らないように準備する方も。親不孝な子どもが「自分は今まで周りに迷惑をかけてきたのだから、相続できなくても仕方がない」と思ってくれればよいのだが、それを期待するのは現実的に難しい。

そのような者に限って、自分の権利はしっかりと主張してくるものだ。相続分をゼロにしても、法律で認められている最低限の相続分（遺留分《いりゅうぶん》）を求めてくるのは必至。子ども同士で争いや問題が生じないために、あらかじめその遺留分を考慮した遺言を作成することが必要となる。

ちなみに、遺留分とは、民法の定めにより、一定の相続人が最低限相続できる財産のことである。相続財産をどのように処分するかは、原則として、被相続人の意思が尊重される。しかし、被相続人にまったくの自由を認めると、被相続人に依存して生活してきた者の経済的基盤が失われてしまうなどの弊害が生じることも。そのため、一定の相続人は、一定の割合を相続する権利が認められている。例えば、相続人が直系尊属のみの場合は法定相続分の3分の1、それ以外では2分の1を相続人で分け合うことになる。遺留分を侵害された相続人（遺留分権利者）は、自分の遺留分を侵害している人に対して、侵害された限度で、贈与《ぞうよ》または遺贈《いぞう》の効力を失わせることができる。これを遺留分減殺請求という。

③子どもがいない場合

被相続人夫婦の間に子どもがいない場合、配偶者と被相続人の父母や兄弟姉妹が相続人となる。夫婦で築いてきた財産を、血のつながりのない義理の父母や兄弟姉妹と分配しなければならない事態が発生するのだ
例えば、被相続人（夫）名義の自宅マンションでも、実質は妻とともにローンを返済して築いた財産というケースは多いだろう。それにもかかわらず、そのマンションの3分の1もしくは4分の

1を法定相続人である義理の父母や兄弟に持っていかれる場合があるのだ。実の家族でさえもめる遺産分割。義理の家族との話し合いでまったくもめないということはまず考えられないだろう。

もっとも、相続人が配偶者と義理の兄弟である場合、兄弟姉妹には遺留分は認められていないので、遺言を作成することで財産を配偶者にだけ渡すこともできる。遺言がなければ、兄弟姉妹が相続分を主張することで、家を売らねばならなくなり、妻は住居さえも失ってしまう可能性もある。

④相続人が多い場合

遺産分割協議は相続人全員の合意が必要なので、相続人が多くなると遺産分割協議がまとまりにくくなる。一昔前は兄弟姉妹が6人、7人といった家庭も珍しくなかったが、最近では大家族の家庭は少なくなってきており、二人兄弟姉妹、三人兄弟姉妹が一般的で、今後は少子化が進み、一人っ子家庭が多くなっていくことが予想される。

ところが、兄弟姉妹の数が少ないからといって、相続人の数も少なく遺産分割協議もまとまりやすい、ということにはならない。

近年の高齢化社会の影響と女性の平均寿命の上昇から、子どもよりも親、特に母親の方が長生きする場合もあり、その結果、代襲《だいしゅう》相続（被相続人の子や兄弟姉妹が相続以前に死亡等で相続権を失った場合、その者の子がその者に代わり同じ地位に上がって被相続人を相続すること）が増えている。さらに、相続人が高齢者であれば再代襲や相続人の相続などが発生して、相続人が一気に増える可能性もある。ますます全員参加の遺産分割協議をまとめるのは困難になるので、遺言や遺言執行者の存在が重要になる。

⑤結婚相手に連れ子がいる場合

相手が初婚であっても、再婚であっても、結婚すれば配偶者となり相続権が発生する。しかし、結婚相手に連れ子がいた場合、結婚によってその連れ子と法律上の親子関係が生じるわけではない。連れ子と親子関係を生じさせるためには養子縁組《ようしえんぐみ》を行う必要がある。配偶者との間に子どもが生まれた場合、その子どもは父母両方の相続人となるが、連れ子は養子縁組をしない限り、実の親についての相続権しか持たない。小さい頃から分け隔《わへだ》てなく同じように育てられてきたのに、相続が開始して初めて、一人には相続権があり、一人には相続権がないということが判明し、トラブルになることがあり得る。

もっとも、養子縁組をしていなくとも、遺言による遺贈によって他の子どもと同じように財産を残すこともできる。

⑥前妻・後妻ともに子どもがいる場合

離婚・再婚をしている場合、婚姻期間に関係なく、相続が開始した時点で婚姻関係にある者が配偶者として相続をすることができる。20年、30年と婚姻期間が長くとも、別れた配偶者には相続権はない。

もっとも、別れた配偶者との間に子どもがいる場合、その子どもには相続権がある。例えば、自分の実子を前妻が引き取っていたとする。その子どもが未成年の場合は、たいてい母親の名字を名乗り、父親の戸籍から出ていることになる。名前が変わり、別々に暮らしていて関係が疎遠になったとしても、親子であることは変わらず、相続権はなくならない。

前妻との間の子どもと離婚後も定期的に会っていても、後妻やその子どもには一度も会わせたことがない、あるいはその存在さえも秘密にしていることも考えられる。そして、遺産分割協議の際に初めて顔を合わせるということも。後妻たちからすれば、一緒に暮らしていなかった他人に家族の財産を分配しなければならないのであるから、どうしても抵抗を感じてしまう。前妻の子どもが未成年の場合、前妻がその法定代理人として遺産分割協議に関わってくる可能性もある。この場合、もめないはずがない。

相続人の関係性が複雑なケースでは、遺言を残しておく必要がある。遺言執行者を選任しておけば、よりスムーズに遺産分割を行うこともできる。

⑦内縁の配偶者、子どもがいる場合

配偶者は常に相続人になることができるが、ここでいう「配偶者」とは、法律上の婚姻関係にある人をいうので、婚姻届を提出していない内縁《ないえん》の配偶者や事実婚の配偶者は、法律で認められる配偶者には当たらない。長年普通の夫婦と変わらない生活をしていた場合でも、法律上の婚姻関係がないと相続権が発生しないため、二人で築き上げた財産が、法定相続人にすべて持っていかれる可能性がある。

内縁の配偶者等に財産を渡したい場合には、生前贈与しておくか、もしくは遺言を作成しておくべきだ。遺言を作成する場合は、法定相続人の遺留分を侵害しないように注意する必要がある。遺留分を侵害していた場合、侵害された相続人から遺留分減殺請求がなされる可能性があるからだ。無用な争いを起こさないためにも、その点の確認が重要である。

内縁の妻との間に子どもがいる場合、認知《にんち》していれば、その子ども（非嫡出子《ひちゃくしゅつし》）には相続権が発生する。注意が必要なのは、そもそも認知がなければ内縁の妻との間の子どもに相続権はないということだ。諸事情で生前の認知が難しい場合には、遺言で認知することもできる。

⑧相続人以外にお世話になった人がいる場合

実の息子や娘ではなく、同居している長男の妻、つまりお嫁さんが、義理の両親の介護をするということはよくあるだろう。しかし、いくら献身的に世話や介護をしてくれても、お嫁さんには相続権はないので、義理の両親から当然に財産をもらうことはできない。そして、介護に対しての寄与分《きよぶん》も認められない。世話になったお嫁さんに財産を残したい場合には、お嫁さんの貢献を考慮して長男の相続分を多く指定することもできるが、直接財産を渡したい場合には、遺贈によって財産を残すこともできる。

⑨行方不明の相続人がいる場合

遺産分割協議は相続人全員の合意が必要で、相続人が一人でも欠けていると有効に成立させることができない。相続人の仲が悪い場合はもちろん、家を出たきり帰ってこない行方不明の相続人がいる場合にも、全員合意が絶対必要となる。行方不明の相続人が見つからなければ、遺産分割協議が永遠に保留になる危険性もあるのだ。

相続人の仲が悪いだけで所在はわかっている場合には、なんとか頼んで出てきてもらえれば遺産分割協議を進めることはできるが、行方不明の相続人がいる場合には少し厄介である。行方不明の相続人がいる場合には、まず戸籍謄本《こせきとうほん》や住民票を取り寄せてその相続人の生死や現在の住所を調査する。この方法でだいたいの相続人が見つかるはずだが、それでも見つからない場合には、家庭裁判所に対して財産管理人の選任の申し立てをするか、失踪宣告《しっそうせんこく》の申し立てをすることになる。

失踪宣告の申し立てによって法律上は死亡したものとみなすことができるので、残りの相続人だけで遺産分割協議を行うことができる。ただし、行方不明になったときから原則として7年経たなければ失踪宣告の申立てを行うことができないので、そこまで時間が経過していない場合には、行方不明者に対して財産管理人を選任し遺産分割協議を行う方がよいだろう。

いずれにしても相続開始後に余計な手続きが生じてしまい、相続人に手間をかけることになるので、事前に行方不明の相続人がいることがわかっている場合、遺言を作成して、遺産分割協議がなくとも遺産分割ができるようにしておくべきである。

⑩相続財産がどこにどれだけあるのかわからない場合

被相続人の相続財産をすべて把握しているのは、被相続人だけである。しかし、遺産分割を行うのは、被相続人が亡くなった後なので、どこにどれだけ財産があるのか本人に確認することができない。特に、被相続人が一人暮らしだった場合は、財産構成がわからない可能性が高くなる。

財産の内容を明らかにせずに被相続人が亡くなった場合、遺産分割協議に入る前に相続人自身が財産調査をすることになる。不動産であれば、納税証明書や名寄帳を基に比較的簡単に調査することができるが、預貯金の場合はまったくあてがなければ金融機関に対して一つひとつ照会をかけて財産を探すことになる。金融機関もたくさんあるので、ある程度の情報がなければ、すべて探しきれないことも。

遺言やエンディングノートに財産を明記しておけば、探す手間も時間も省略することができる。また、預貯金などは金額まで記載をしておけば、同居していた相続人が財産を隠したのではないか、使い込んだのではないかという不信感を抱くことも少なくなるだろう。

遺言作成なんてまだ早いと思う方も、将来の遺産分割をイメージするために自分が今どのような財産を持っているのか洗い出してみるとよいだろう。

⑪相続財産の大部分が不動産の場合

不動産は価値が高いため、相続財産全体の約半分以上の割合を占めているケースが多く、相続財産のなかに不動産がある場合、遺産分割の際に必ずといってよいほどもめる。

相続人が二人の場合であれば、一人が不動産を、もう一人がそれ以外の財産を相続するというように分ければよい場合もあるが、いずれも不動産の取得を望んでいる場合はどうなるのだろうか。

土地だけであれば、二つを分筆することによって現物分割することもできそうだが、どちらかがその土地の上に住んでいたら、そう簡単にはいかない。代償分割にするとしても、不動産を相続した相続人が代償金などを準備できなければ、トラブルが生じることは必至だ。

遺言で誰に何を相続させるかまで指定しておけば、トラブルを防ぐことができる。

（2）遺言でやってはいけないこと、やるべきこと

遺言には大きく分けて①自筆証書遺言、②公正証書遺言、③秘密証書遺言の3種類がある。このうち、自筆証書遺言が最も簡単に作成することができる遺言といえる。

自筆証書遺言とは、遺言者本人が、遺言の内容全文と日付を自筆で書き、署名・押印《おういん》して作成する遺言である。紙とペンさえあれば自分一人でいつでも気軽に作成できるという特徴がある。また、公正証書遺言や秘密証書遺言のように公証役場に出向く必要も、証人を用意する必要もないうえ、遺言の内容や存在も他人に知られることなく作成できる。なによりも費用がかからない。

手軽に作成できる自筆証書遺言だが、いくつか気をつけるべき点も。その注意点を守っていなければ、せっかく作成した遺言が無効となって、ご本人の遺言として扱ってもらえないこともあり得るからだ。注意点は以下の通りである。

①すべて自筆で作成すること

自筆証書遺言を作成する際には、公正証書遺言や秘密証書遺言のように証人は必要ない。なぜなら、自筆証書遺言は、遺言の全文と日付、署名を遺言者の自筆で書くため、確かに遺言者本人の意思に基づいて作成されたと考えられるからだ。パソコンなどで作成された遺言が無効になるのは、

本人が書いたものか確かではなく、遺言者の意思が明らかではないためである。同じ理由から、自分の文字に自信がないからと他の人に代筆してもらった遺言も無効となる。なお、財産目録など遺言に添付する資料も含めすべて自筆で書く必要がある。

②日付を記入すること

遺言には遺言を作成した日付を書かなければならず、日付のない遺言は無効となる。日付ぐらいなくてもよいのではないかと考えるかもしれないが、遺言の日付の存在が重要になる場合がある。

例えば、遺言が複数出てきた場合。特に自筆証書遺言の場合、自分一人で手軽に作成できるので、何度も遺言を書き直す人が意外に多い。矛盾する内容の遺言が複数あった場合には、一番新しい遺言、つまり亡くなった日に一番近い日に作成された遺言が有効とされる。遺言者本人であれば日付がなくともどれが最新の遺言かわかる。しかし、遺言を開くときには遺言者はすでに亡くなっているので確認のしようがない。そのため、遺言の日付が重要なのだ。

また、日付は遺言を作成したときの年齢を判断するためにも必要となる。遺言を作成できる年齢には満15歳という制限があるので、遺言を作成したときに満15歳に達しているか否かを判断するためにも日付が記載されている必要がある。

さらに、遺言能力を判断するためにも、日付は重要な意味を持つ。遺言が作成された時点での遺言者が、遺言を作成できる遺言能力を備えていたか否かによっても、遺言の有効性が判断される。遺言能力を備えていない者の遺言は、無効となる。例えば、亡くなる2年ほど前から重度の認知症を患っていた者の遺言が、亡くなる1年前に作成したものであった場合、この遺言は遺言能力のない者が作成したとして無効とされる可能性がある。

なお、遺言の日付については、ただ記載されていればよいというわけではなく、記載方法も問題となる。

遺言がいつ作成されたかを判断するためにも、遺言が作成された年月日までが特定されている必要がある。「平成○○年○○月○○日」と書くのが一般的だが、年月日が特定できるという意味では、「平成○○年元旦」という書き方でも問題ない。ただし、「平成○○年○○月吉日」という書き方では、日にちの特定ができず無効となるので、注意が必要だ。

③氏名の自署・押印をすること

遺言には、遺言者の氏名の自署（署名）と押印が必要である。署名・押印を忘れていた場合は、その遺言は無効となるので注意が必要だ。

まず、誰が書いた遺言であるかを明らかにするため、氏名の記載が必要となる。また、遺言の本文を自筆で作成することと同じ理由で、署名・押印があれば遺言者本人の意思に基づいて作成された遺言であると考えられるので、証人が必要ない自筆証書遺言では特に重要となる。

④正しい方法で加除訂正すること

自筆証書遺言は全文を自筆で書かねばならないので、誤字や脱字、記載ミスはどうしても起きてしまいがちである。通常の文章であれば、修正液や二重線で消して書き直せば問題ないが、遺言の場合はそう簡単ではない。自筆証書遺言を加除訂正する方法は法律で決められており、その方法に従わずになされた訂正は、訂正されていないものとして取り扱われる（遺言全体が無効となるわけではない）。このように厳格な方法を採用したのは、他人による遺言の改ざんを防止するためである。

自筆証書遺言の訂正方法は、次の通りである。

1．削除箇所を二重線で消す
2．削除箇所に押印する
3．訂正後の正しい文言を記載する
4．余白に訂正した箇所と字数を付記する
5．訂正した字数の脇に署名する

具体的には、**【図表9】**のように訂正する。

訂正箇所が1、2箇所であれば、また一から手書きで遺言を書き直すよりも訂正した方が楽だろう。しかし、訂正箇所が多くなると、訂正の文言ばかりで大事な遺言の内容が見にくくなってしまううえ、訂正手順を誤って訂正が無効となってしまう可能性もある。訂正箇所が多数である場合には古い遺言を破棄し、もう一度書き直すべきである。

⑤適切な場所に保管すること

自筆証書遺言の場合、遺言書は自分で保管しておく必要がある。

生前に相続人などに遺言書が見つかると、遺言書を隠したり、偽造してしまったりする可能性がある。だからといって、わかり難いところに保管しておくと、亡くなった後に見つけてもらえない可能性も。せっかく書いた遺

[図表9]自筆証書遺言の訂正方法

第4条　遺言者は、遺言者の有する次の財産を、次女 ○山○子 に
~~遺贈する~~。
相続させる ㊞

2行目
4字削除
5字加入
○山○夫

1　預貯金

金融機関	株式会社　○○銀行○○支店
種　類	普通預金
口座番号	○○○○○
名 義 人	遺言者

言書も発見されなければ無意味となる。

したがって、生前は見つかりにくく、死後は見つかりやすいところに隠しておく必要があるが、そのような隠し場所はなかなかないもの。相続人と同居している場合には、特に隠し場所に困ることだろう。

例えば、遺言書を見つかりにくいところに隠しておいて、その場所をエンディングノートに書いておく、または信頼できる第三者に場所を伝えておくという方法がよいと考える。

(3)将来の争いを避けるために今すぐやるべきこと

加えて、将来の相続人間の無用な争いを避けるためにやっておくとよいことがある。

①遺言とともにメッセージを遺す

自分の遺言なのだから、自身の意向を一番大切にするべきだ。例えば、先祖代々受け継いできた田畑を守りたい、面倒を見てくれた長男に全財産を相続させたい、実家に寄り付かない次男には一切相続させたくない、など。このような想いを実現するためにこそ、遺言を作成するのだ。しかし、例えば次男の取得分をゼロにしてしまうと、次男から長男に対し遺留分減殺請求を受けることになる。思いを大切にするあまり、各相続人間の取得分がアンバランスな内容の遺言になることも。

特定の相続人だけ優遇された内容の遺言を作成した場合、他の相続人からすれば、優遇された相続人が無理やり作成させたものではないかと疑いたくなるだろう。

遺言の内容をめぐって相続人の間で争いが生じるのは、遺言者が亡くなっているからなので、遺言者の意思で遺言を作成したか否か、直接確認することはできない。自分の面倒を見てくれたことに関する感謝の気持ちを伝えるためなど、正当な理由に基づいた結果として偏った内容の遺言を作成した場合には、その旨を遺言に付記しておくのがよい。それによって、分割方法について相続人が納得してくれれば、争いを回避することができる。

法定遺言事項ではないけれども、遺言に書き添えた事項のことを付言事項という。遺言者の最後のメッセージ、追伸のようなものである。具体的には、相続分を指定した理由や、葬式や法要の仕方、家族・親族の付き合い、今までの感謝の気持ちについて書き加えることが多い。もっとも、この付言事項には法的拘束力がないので、相続人は必ずしも付言事項を守らねばならないというわけではない。しかし、遺言者の最後のメッセージとして、相続人への説得力はあり、自分にとって不利な内容の遺言であった相続人としても納得せざるを得ないことになるだろう。遺言者の意思を実現して、円満な相続につながる効果があるといえる。

②専門家に確認してもらう

どんなに注意をしても、自分一人で作成する自筆証書遺言は、要件不備で無効となる可能性がゼロとはいえない。また、せっかく遺言を作成しても遺産分割協議が必要となることもある。自分だけでは複雑なシミュレーションをできないことが多く、単純な内容の遺言しか書けないということが原因だ。例えば、均等に相続させる内容の遺言を書くパターンでは「甲に財産の3分の1を相続させる・乙に財産の3分の1を相続させる・丙に財産の3分の1を相続させる」というのが、自筆証書遺言でよく書かれているパターンだ。しかし、具体的な財産の帰属が書いていないので、結局、遺産分割協議が必要になる。不動産など、簡単に分けられない財産について、分け方をめぐって相続争いが起きることがある。そうなると、せっかく家族がもめないようにと作成した遺言がもめごとの原因になってしまいかねない。

一度、専門家である弁護士に内容を確認してもらうとよいだろう。弁護士には守秘義務があるので、遺言を見せてもその内容が外部に漏れる心配はない。

そもそも自分で遺言を書くことはなかなか難しいというのであれば、遺言の作成を、弁護士・税理士に依頼することも検討すべきだ。遺言作成において考慮すべき要素は、前述の遺言者の思いだけでなく、遺留分対策（紛争防止）、相続税対策もポイントになる。

この三つのバランスを取った遺言の最適解を提案することこそが、専門家の役割なのだ。

遺留分対策について、遺留分を侵害された相続人が権利行使すれば、認めなくてはならない。せっかく遺言を作成して、遺産分割協議を不要にしたにもかかわらず、遺産分割協議以上に面倒で時間もかかる遺留分減殺請求訴訟に相続人が巻き込まれてしまうことになる。そこで遺言者としては、遺留分を侵害しないように配慮する必要がある。一つは取得分を少なくしたい相続人の相続分を確保するように、遺言の内容を調整する。もう一つは遺留分自体を少なくすることによって、遺留分減殺請求封じをする。後者の遺留分減殺請求封じには、遺言者の置かれた状況に応じた方策を取ることができる。しかし、これでも不完全なのだ。相続税対策が不十分で、節税効果がゼロになってしまうこともあるからだ。

そこで、相続税対策も同時に行うことになる。相続税増税に伴って、相続税対策を考慮した遺言の作成を検討する方が増えている。相続税は現金で一括払い。納税資金の準備として、現金を残すことが必要になる。また、増税によって納税額が増えるので、節税効果が高い対策をすることも検討が必要だ。相続税額は遺産の分け方によって異なるので、遺言の作成内容によって節税が見込める。また、配偶者控除（配偶者の税額の軽減）を使って相続税額を下げたい、不動産を購入して節税対策を立てたい、小規模宅地等の特例を用いて土地の評価を下げたいなどの要望に応えるためには、税務面についてもアドバイスできる専門家に相談することが重要だ。

二次相続時の相続税も考慮した相続税額のシミュレーションやそもそもの財産構成の見直しなども含めて専門家にアドバイスをもらい、遺言の内容を提案してもらう必要がある。

③検認手続きが必要なことを伝える

自筆証書遺言の場合、遺言者だけでなく相続人も注意すべきことがある。

まず、自筆証書遺言の場合、遺言の検認《けんにん》の手続きが必要となる。遺言の検認とは、相続人に対して遺言の存在及び内容を知らせるとともに、遺言の形状や加除訂正の状態、日付、署名などの遺言の状態を明らかにすることで、遺言の偽造・変造を防止するための手続きである。

自筆証書遺言の場合、保管も自分で行わねばならないので、自宅に保管するのが心配な人は、第三者に保管を依頼することがある。遺言書の保管者が遺言者の死亡を知った場合や、相続人が遺言書を発見した場合には、速やかに家庭裁判所の検認の申立てを行う。なお、検認手続きは遺言の中身についての有効・無効を判断するものではないので、遺言の中身について疑わしい部分がある場合には、検認後に有効・無効を争う裁判をすることもできる。

また、封印のある遺言書の場合、遺言書の開封は検認手続きのなかで行われるので、勝手に開くことはできない。相続人や代理人が立ち会い、検認を受けると検認調書が作成され、検認に立ち会わなかった相続人に対しては、検認されたことが通知される。家庭裁判所以外で勝手に開封をした者は、５万円以下の過料《かりょう》に処せられることがある。

すべての相続人がそのような知識を持っているわけではない。遺言書を見つけた相続人が勝手に開封してはいけないことを知らず、また遺言書を自分に有利なように改ざんしようという気もなく、何となく開封してしまった場合でも、それが原因でもめることになってしまう可能性がある。遺言者は、遺言書の封筒に「開封せずに家庭裁判所に提出し検認を受けなければならないこと、家庭裁判所以外で開封した場合には過料に処せられること」と記載しておくのがよいだろう。

5．葬儀・お墓

「終活」の一つとして、自分の意向に沿ったよりよい葬儀・お墓を用意するために、事前に相談し、準備しておく方が増えている。

(1)葬儀の種類

ここ10年くらいの間に、急速に葬儀の形式や内容が変化し、多様化してきている。その流れは、葬儀で「自分らしさ」を表現したいという風潮からきているのだろう。

つまり、葬儀は、自分が家族、友人、知り合いとお別れをする場なので、自分らしい葬儀とすべきであると考える方が増えているのだ。

そのため、葬儀の事前相談がより重要となり、人生のエンディングに向けて総合的なアドバイスを背景とした、葬儀のプランニングが必要不可欠となる。

もっとも、いったい葬儀にはどのような種類があるのか、あらかじめ知識を持ってから事前相談した方が、自分の希望を伝えやすいだろう。

葬儀の種類について**【図表10】**にまとめたので、参考にしてほしい。

(2)葬儀社の選び方

葬儀社を選ぶのは人生に一度か二度あるかないか。どの葬儀社がよいのかわからない方が多いのではないだろうか。

そのため、「大きそうだから」「有名だから」という理由だけで選びがちになってしまうのではないか。自分の意向に沿った葬儀とするためには、ポイントを押さえて

[図表10]葬儀の種類

種類	特徴
自宅葬	・住み慣れた自宅から見送られる葬儀。 ・自由度が非常に高い葬儀が可能。 ・式場費用がかからない。
家族葬	・参列者を家族・親しい友人に限定し、少人数でゆっくりと見送られる葬儀。 ・自由なスタイルの葬儀が可能。 ・密葬と異なり、２日間かけて通夜・葬儀告別式を行う。 ・費用を抑えることができる。
一般葬	・友人・ご近所・会社関係者を招いて、しっかりと見送られる葬儀。 ・２日間かけて、通夜・葬儀告別式を行う。
一日葬	・通夜がなく、葬儀告別式・火葬を一日で行う葬儀。 ・通夜がない分、家族や参列者の負担を軽減できる。 ・費用を若干抑えることができる。
直葬	・最も費用を抑え、慎ましやかに見送られる葬儀。 ・火葬のみ。

選択する必要がある。思い込みだけで選んでしまうと、費用が高額になったり、自分の意向に沿わない葬儀になったりしかねないので注意が必要だ。

葬儀社を選択する際には、7〜8社程度くらいを目安に候補業者を絞って、資料を取り寄せて平均的な費用や葬儀内容を把握したい。このとき、全国規模の葬儀社とともに地元で長年続いている葬儀社も候補に入れるとよいだろう。地元の葬儀社は、長年続けられるだけの理由と信頼があるはず。また、独自の丁寧なサービスを提供している葬儀社もある。地元の葬儀社の候補を探すときはこの点を押さえるべきだ。一方、全国規模の葬儀社は、規模を生かして費用を抑えられることや、プランもあらかじめ決められたものがあるので選択しやすい。

また、追加料金のない業者も選択肢に入れておくとよい。一般業者の場合、見積もり金額を提示した後、追加料金が発生することがある。葬儀の最中に急に何かをお願いしたとき、それがプランに入っていないと、別料金となって加算されてしまうからだ。プランの内容を把握していたとしても、あわただしい葬儀の最中に、そこまで考えていられないというのが実情だろう。葬儀社のなかには、この点を改善し、あらかじめ追加料金なしのプランを用意しているところがある。このような葬儀社であれば、当日余計なことを考えずに済むので、残された家族は安心だ。

次に、資料を取り寄せた後、どのようなサービスをどの程度の金額で行ってもらえるのか確認する。これを行わないと、実際に葬儀を行っている際に納得できなかったり、費用が高額となったりするトラブルにつながる。

そのため、資料を取り寄せた後の比較は重要といえる。

また、自分がどのような葬儀を依頼したいのか明確にすることが大切である。そのためにも「いま世の中でどのような葬儀が用意されているのか」「費用によってサービスがどの程度変わってくるのか」など幅広く情報収集しておくことが重要である。そのうえで、規模、価格、サービスを総合的にみて、どのサービスにどの程度の費用をかけるのか決める。

葬儀社には、それぞれ特徴があり、当然強みと弱みがある。何を優先するのか、どの程度費用をかけるのかという希望がなければ、到底選ぶことができない。

葬儀は「人生の最後を飾る儀式」と考え、自分らしさを演出した葬儀を希望する方が増えている。個性的な葬儀を希望するのであれば、その点を重視したサービスを提供している葬儀社を選択することも検討しなければならない。

ある程度候補が絞られたら、担当者と直接話して情報収集することになる。「将来に備えて話を聞きたい」と断っておけば、気軽に話を聞くことができる。その際、サービスなどの細かい点についてチェックすべきだ。細かな点でずれがあると、残された家族がトラブルに巻き込まれることになるかもしれない。また、担当者は、葬儀を依頼するにあたっての窓口であり、かつ、残された家族が連絡を取る窓口となる。その担当者の人柄を確かめ、信頼できそうになければ担当者を代えてもらう必要がある。

担当者と話す際のチェックポイントは以下の通りである。

①資料、パンフレット、過去の事例などを使って、わかりやすく説明するか。
②希望を聞いていろいろと選択肢を提案してくれるか。
③質問に対し、丁寧な対応をしてくれるか。
④契約を急《せ》かさないか。
⑤事前に明確な見積もりと、その詳細の説明があるか。
⑥支払期日に余裕があるか。

そして、葬儀社を最終決定する前に、資料等を用意して家族に話し、理解を得ておくことが重要だ。家族とのよい別れの儀式にするために、家族を巻き込んだ準備が必要となる。

(3) 墓じたく

お墓の準備はきわめて重要だ。遺骨を埋めることができる場所は、墓地埋葬法によって墓地（霊園）だけとされているためだ。

仮に、勝手に遺骨を埋めると死体遺棄《いき》罪に問われる可能性がある。したがって、「散骨する」といって、自宅の庭や山林に埋めたら違法となるのだ。自宅の敷地にお墓をつくればよいのではと考える人もいるだろう。確かに、地方に行くと、自宅の敷地内に建ててある家墓や屋敷墓という風習が残っているところもある。しかし、墓地や納骨《のうこつ》堂を経営できるのは、地方公共団体、宗教法人、公益法人など一部に限られており、自身の敷地にお墓を新たにつくることはできない。ちなみに、現在では、家墓や屋敷墓を新たにつくることはできないことになっている。

死後お墓に入りたいと考える人は、まず、お墓選びを検討すべきだ。選ぶにあたって、墓地に墓石を建てて遺骨を埋葬《まいそう》する従来型の墓のみならず、納骨堂などを選ぶ人が増えている。購入費用が比較的安く、配偶者、子ども、孫など残された家族の負担も小さいというのが大きな理由のようだ。

もちろん、船をチャーターし近海に散骨する海洋葬や、多数の骨と一緒に樹木の下に散骨される樹木葬もある。ただ、遺骨は一瞬で海に散ってしまい、その後の供養ができなかったり、樹木は墓石に比べ寿命が短かったりするなどデメリットもあるようだ。

埋葬せずに手元に置いておくことは問題ない。「手元供養《くよう》」といって骨壺《こつつぼ》にいれて仏壇に置いたままにしている人や、遺骨を宝石やアクセサリーに入れて持ち歩く人もいる。ただ、遺骨の持ち主が亡くなると、遺骨を供養できなくなる危険がある。

それぞれ一長一短であるので、それぞれの特徴を知り、納得のいく墓じたくをすべきだ。

(4)永代供養墓とは

一族の墓である「同族墓」や「家墓」を継承しない人の受け皿として、「永代供養墓《えいたい》」が急増している。寺院墓地や公営霊園の一般的な永代供養墓だけでなく、最近は、慰霊空間を工夫したビル型納骨堂や、「自然に還る」イメージがある樹木葬などが人気だ。

永代供養の特徴として、宗教・宗派を問わないこと、檀家《だんか》になる必要がないこと、料金が明確であることなどが挙げられる。このように一見、個性的で、料金や仕組みもわかりやすい永代供養墓。しかし、例えば、永代供養ならば「永久に供養してもらえる」と安心していないだろうか。実際、このタイプの墓はどのような弔《とむら》い方をするのかなど知らない人が多い。

そこで、この永代供養の主な方法について次の三つを紹介する。

①遺骨を入れた骨壺を一定期間安置。その後、遺骨を骨壺から取り出して他の遺骨と一緒に合祀《ごうし》。
②半永久的に骨壺で安置。
③最初から遺骨を骨壺から出し、他の遺骨と一緒に合祀。

一般的な永代供養は、①のタイプだ。例えば、33回忌(お寺によっては、17回忌や50回忌など)の節目で合祀するようだ。最終的には、墓地の管理者が遺骨を供養することになる。

また、費用については、永代使用料、永代供養料、収蔵料を支払うが、一度支払ってしまうとその後の管理料などはかからないようだ。

「永代供養墓」の種類についても様々だ。

①単独墓タイプ

個人墓、夫婦だけで入るお墓（夫婦墓）などがある。

②集合墓タイプ

遺骨は個別のカロート（納骨室）に安置され、全体が一つの大きな墓となっている。

③共同墓タイプ

他の人と一緒に埋葬する墓で、合祀墓、合葬墓とも呼ばれている。共同墓は、個別の墓石費用がかからず、納骨と供養の費用が抑えることができる。

④納骨堂

お墓のように土の中に埋葬する形態ではなく、屋内の収蔵庫に遺骨を骨壺のまま安置する。ロッカー式、棚式、仏壇式、お墓式など様々な形式の納骨堂がある。

住まいに譬《たと》えていえば、旧来の「家墓」は一戸建て、「永代供養墓」は賃貸マンションといったところだろうか。つまり、一定期間は供養してもらえるが、「同族墓」や「家族墓」と違って死後ずっと供養してもらえるかの保証はないのだ。

また、費用を安く抑えられるといっても、安易に考えるべきではない。実際にかかる費用についても情報収集し、比較してみる必要がある。

墓じたくにあたっては、自分や配偶者の死に際し、死後の住まいを心配しなくてもすむよう、確かな情報・知識によって選びたいものである。

(5)散骨も大変

墓じたくの選択肢として人気が出てきた自然葬。「死後、大自然に還ることができる」というイメージもあり、選択する人が増えている。海へ散骨する海洋葬、木の根元などに埋葬する樹木葬が人気だ。

その理由としては、埋葬費用が抑えられること、お墓の継承の問題もないので単身者が利用しやすいこと、自然に還ることができること、遺骨保管料がかからないこと、無宗教でもよいことなど、誰でも利用しやすい形態であることが挙げられる。

しかし、現実はそう簡単なことではない。散骨を行うには、まず、遺骨を粉末状にしなければならない。そのうえで、陸地から数十キロ離れた海域まで出向くなどして、散骨することになるのだ。散骨する現場に立ち合う家族からは、散骨という形態の理解が得られなかったり、すべて散骨するとお参りする場所がなく、残された家族が戸惑ったりするなど、理想と現実のギャップに困惑するケースがあるのも事実。

自分の希望だけに固執するのではなく、家族の理解を得た墓じまいを検討すべきである。

(6)墓石にも個性がある

近年墓石についても伝統にとらわれない様々なものが見受けられるようになった。

建てる場所や宗教に関係なく自由に選べることもあり、近年は、伝統的な和型のお墓よりも、自分を象徴するような言葉を刻んだり、趣味などを反映した形にしたりとデザインにこだわった「デザイン墓」や、シンプルな洋風のお墓が選ばれているようだ。ただ、事前に墓石を準備しなければならず、資金確保も必要だ。

コラム⑧　デザイン墓

一般社団法人全国優良石材店の会が実施した『2015年お墓購入者アンケート調査』の調査結果によると、墓石の購入者のうちデザイン墓を選ぶ人の割合は、2004年から約2倍に増加しているとのこと。

そのデザインも人それぞれ。生き甲斐であったピアノをかたどり、思い出の曲のメロディーを彫刻したお墓、趣味のゴルフにちなんでゴルフボールをかたどったお墓、乗り続けた愛車をかたどったお墓など、自らの想いをそのまま形にしたものが多いようだ。

(7)お墓選びの注意点

このようにお墓も多様化するなかで、どのような形のお墓を選択するのか迷うことであろう。お墓選びの主なポイントは下の【図表11】に示す3点である。

さらに、次の2点もお墓選びでは、注意しなければならない。

①関東と関西ではお墓への納骨方法が異なる

関東と関西では、納骨方法が異なる。関東では、骨壺ごと墓に納骨するが、関西の多くの墓は骨壺から出して納骨する。「遺骨を永久に墓の中に残しておきたい」と考える人が関西地区でお墓を購入する場合は、事前に納骨方法について下調べしておく必要がある。

また、骨壺の大きさも関東と関西では異なる。東京では、火葬場ですべての遺骨を持って帰るため、骨壺

[図表11]お墓選びの主なポイント

実際に現地に行くこと	例えば、新聞などのチラシで紹介されたものは1番安い価格のものであることが多く、小さな墓石を狭いスペースに目一杯を使って建てるということになるため、思った以上にお墓が窮屈に感じることがある。実際に自ら買おうとしている区画に墓石をのせるとどのようになるのか現地で確認する必要がある。 また、急斜面を上らないと行けない場所ではないか、駐車場、トイレなどお墓参りの設備が整っているかも併せて確認する。
遺族の住まいからの距離	月命日や祥月命日、お彼岸、年忌法要など、意外とお参りに行く機会は多いもの。 定期的な掃除やお墓参りなどを考えると、ある程度生活の拠点からのアクセスも考えなければならない。
法要等を見据えて墓地・霊園の設備もチェック	定期的に法事があることを考えると、僧侶の読経・焼香、お墓参り・会食のことも考えなくてはならない。法事を営むホールなどはあるのか、会食を行う施設はあるのかなども考慮しておくべきだ。 霊園自体にはなくとも、周辺に代わりに使えるホールや料理屋があるかどうかは見ておいた方がよい。これらがない場合は準備に手間取ることになる。

のサイズは7〜8寸とかなり大きい。

一方、関西では、喉仏など一部の遺骨を拾い、多くの骨を火葬場に置いて帰るので、骨壺の大きさは5寸が多く、関東より小さい。そのため、関西の墓の納骨室は、関東よりも小さいのだ。関東で火葬し関西のお墓に納めようとすると、すべての遺骨が納骨室に入りきらないため、手元に置くなど対処が必要となる。

②お墓と納骨堂の違いは

地面に穴を掘って遺体や遺骨を埋めるのがお墓。つまり「死者の家」だ。納骨堂は「室内型のお墓」であり、死者のマンションのようなものだ。お墓の場合、最終的には土に還ることを目的とする一方、納骨堂は遺骨の仮置きといった意味合いが強い。

(8)契約の流れ

新しい墓地を見つけてから契約するまでの大まかな流れを確認する。

①情報収集

広告チラシを見たり、インターネットなどで調べたりして、販売されている墓地を大まかに把握する。

②墓地の絞り込み

費用、立地、設備、申し込み資格などを検討して、絞り込みをする。

③墓地の下見

広告チラシやインターネット画像は、加工されていることが少なくない。実際の永代供養墓や樹木葬の場所は、めったに日が差さず、湿ったところであるにもかかわらず、広告では空を明るくしたり、背景の木々も色鮮やかにしていたりする場合がある。また、イメージダウンになるような画像はカットされ、上手に差し替えられていることも。そのため、交通の便、実際の環境、管理状況などを必ず自分の目で確かめる必要がある。

④使用規約の確認

永代使用権に関する事項、墓石に関する事項などを確認する。例えば、お墓を管理する人がいなくなった場合、そのお墓がどうなるのかという点まで調べておく。墓じまいされて永代供養墓に移されるのは何年後かなどについて確認が必要だ。

⑤申し込み・契約手続き

条件がすべてクリアになったら、申し込み・契約手続きに入る。併せて解約したくなった場合の条件も確認しておく。

(9)葬儀・お墓に関するトラブル

葬儀社と契約をしたり、お墓を購入したりすることに慣れている方はいない。人生において一度あるかどうかというのが現実だ。葬儀やお墓は自分の生き様の集大成ともいえる重要なものであり、慎重に契約などを進める必要がある一方、葬儀やお墓に関するトラブルも多くみられる。

複数の葬儀社を見学し、ある程度候補を絞ることができたので、候補のうちの一社と仮契約を結ぶつもりで書面にサインしたら、その書面は本契約の書面であり、葬儀社から契約費用を請求されたというトラブルもある。葬儀社との契約に限らないが、今自分がサインしている書面がどのような書面であるのか、最終的に本申し込みする場合にはどのような手続きが必要となるのか、途中で解約することができるのか、解約には費用がかかるのかなどについて十分に確認する必要がある。葬儀という非日常的な出来事に関する契約を進めるがゆえに、どうしても冷静になれないこともあろうが、自分の人生の最後を飾る儀式であるから、慎重に行動すべきであろう。

また、墓地を決めて永代使用料を支払ったが、誰に支払ったかもよくわからず、領収書などの書面ももらわなかったところ、その後に実際に墓石の値段を聞いてみたら２００万円と言われてしまったというケースも。多くの墓地を見学し、ようやく気に入る墓地を見つけて安心し気が緩んでしまったのか、通常であれば確認する契約条件などを確認せずにお金を支払ってしまうというケースが多い。

金額の差はあるが、お墓の購入は家の購入と同じ感覚で進めるべきだ。家を購入する際に、見積もりや領収書をもらわずに契約を進めることはしないだろう。お墓を購入する場合も同様に、契約書や見積書、領収書を確実に受領する必要がある。

後にトラブルに発展させないためにも、契約するうえでわからないことや不備などがあれば、躊躇することなく葬儀社や墓石販売店などに確認し、十分に契約内容を理解したうえで気持ちよく購入したい。

(10)葬儀・お墓の費用の準備

「よりよい葬儀」「よりよいお墓」を準備するには、プランだけでなく、費用面も気にしなければならない。

実際、総額費用がどれくらいになるか、費用を準備する方法として何が適切なのか不安に思われる方が多く、プランニングとともに、事前相談の重要度がますます高まっている。

日本消費者協会による「葬儀についてのアンケート調査」の結果によると、葬儀費用の全国平均額は188万9000円（出典：日本消費者協会「第10回葬儀についてのアンケート調査」報告書）との報告がある。

また、お墓に関しても、地域差はあるものの、新たに建てるとすると、墓石の購入費用と永代使用料を併せて約200万円程度が目安となる。

つまり、葬儀・お墓に関して、ある程度まとまったお金を準備しておく必要があるのだ。

葬儀費用の準備方法については、従来の預貯金や積立だけでなく、最近では、保険、葬祭信託もある。

費用準備の方法のメリット・デメリットを**【図表12】**にまとめたので、参考にしてほしい。

[図表12]葬儀費用の準備方法のメリット・デメリット

	メリット	デメリット
預貯金： 金融機関に預ける方法	・自由に出し入れできる。 ・葬儀・お墓以外の目的でも使用できる。	・出し入れが自由な分、なかなか貯まらないおそれがある。 ・口座名義人が亡くなると口座凍結され、引出しが難しくなる。
積立： 互助会などで毎月一定額積み立てる方法	・計画的に費用を準備できる。 ・葬儀・お墓以外の目的でも使用できる。	・積立金だけでは費用をすべて賄えないことが多い。 ・積立先が破たんすると、積立金が保証されないおそれがある。
保険： 保険に加入し、万が一のとき、保険金を費用に充てる方法	・計画的に費用を準備できる。 ・加入期間が短くとも一定の金額を準備できる。 ・税法上のメリットがある。	・年齢や健康状態によって加入できないおそれがある。
葬儀信託： 葬儀内容を事前に協議し、その葬儀費用を銀行に信託財産として預ける方法	・葬儀の内容・費用をすべて生前に準備できる。	・預ける時点である程度まとまった金額を準備しなければならない。 ・事前に喪主候補者の選出が必要となる。

6．遺品整理

「遺品整理」は、家族にとって、単なるモノの整理ではなく、思い出の整理でもあるため、精神的に辛いものであり、なかなか踏ん切りがつかないまま整理できず、ずるずると先延ばしにしてしまう。

家族が常に忙しく遺品整理の時間を確保することができなかったり、日程調整が難しく一同にそろうことが難しかったり、子どももすでに高齢であり肉体的衰えから整理するのが難しいなど様々な問題を抱え、手間と時間をかけて遺品整理や片付けを行うことができないケースも多くみられる。

また、遺品整理は持ち主の方が亡くなっているので、「いる物・いらない物」の区別が難しい。そのため、残された家族に多くの手間と精神的負担が、重くのしかかってくるものである。いざ遺品整理を始めても、残すモノと捨てるモノを決めるのにかなりの時間と決意を要し、結局片付けが遅々として進まない。

そこで、家族のためを思って、生前に遺品整理の準備・手配をしておき、「自分の整理は生きているうちに自分でつけておく」こと、「生前整理」が必要となる。ポイントとなるのは、自分が元気できちんと判断できるうちに行うこと。健康でいるあいだは「まだまだ大丈夫」と思って手をつけないことが多いが、体力が衰えたり、病《やまい》に倒れたりしてから、やらねば、と思っても遅すぎる。

まだ片付けができるうちに始めてこそ、満足のいく整理ができるのだ。

遺品整理や、住み替えのことを考えると、まず実行すべきは、年を重ねて増えるだけ増えた荷物の数々の断捨離《だんしゃり》。これからの生活に本当に必要であるか考え直すべきだ。断捨離は避けて通れない大きな問題なのだ。

断捨離の目的は、モノを捨てることではない。「捨てる」という言葉に抵抗感があるかもしれないが、本来の目的は、「健康、安全、快適に暮らすこと」と「遺品整理で残された家族に迷惑をかけないこと」。無理やり捨てるというわけではなく、捨てたくないものは捨てなくともよいのだ。

具体的には、まずは、荷物を分類することから始める。ここで多くの人は、「使えるモノ」「使えないモノ」という両極端の分け方をする。しかし、これは大間違い。この分類では、高齢者はほぼ「使えるモノ」に振り分けてしまう。

そこで、「使っているモノ」「使っていないモノ」「使っていないけど、捨てられないモノ」という分け方をしてみるとよい。例えば、1年に一度、元旦にしか使わないものでも、「使っているモノ」にする。そして、使っていないけど、捨てるのはどうかと迷ったときの救済措置を残しておくことで、作業を効率的に進めるのだ。

「使っていないモノ」に分類されたモノは、処分する。処分といっても、捨てる必要はなく、リサイクルショップに持ち込む、ネットオークションで売り出すなどいろいろな処分方法を活用したい。

使っていないモノにも需要があるはずだ。

次に、「使っていないけど、捨てられないモノ」は、一時保管箱としてダンボールなどに入れてそのまま保管する。

まずは、分類しやすいものから手をつけるべきだ。例えば毎日使っているキッチンや洗面所から始めるとよいであろう。

衣服や書類などは思い入れもあるので、ここから始めるとなかなか進まない。

断捨離した結果、家族宛に、「何を残しておいてほしいのか」書き置きをしておくことで、家族がスムーズかつ納得がいく遺品整理をすることできる。また、通帳、印鑑、不動産の権利証、生命保険証書など、相続財産の所在は、遺産分割協議が円滑に進むように明確にして書き置きしておくべきだ。

遺品整理業者を選択しておくことも残された家族にとって心強いもの。その費用は、30万円以内で収まっていることが多い一方で、100万円以上かかることも珍しくないようだ。

このように、遺品整理にかかる費用に幅があるのは、きちんと業者間で決められた相場があるわけではないからだ。

遺品整理の料金は、①部屋の間取り（3LDKなど）による料金設定と、②処分品を運ぶトラックのサイズと台数による料金設定が多いようだ。①の場合、部屋数が多い割には荷物が少ないと割高になるので、料金設定基準をみて慎重に検討する必要がある。

一方、極端に安い値段で料金設定している業者も見受けられる。こういった業者は「とりあえず見積もりを依頼させ、後で割増料金を請求しよう」と考えている可能性があるので注意が必要だ。業者への依頼は、問い合わせ後、業者による見積もりを見たうえで打ち合わせをして、その後、正式依頼となる。ここでのポイントは、きちんと打ち合わせをすること。業者が見積もりに来たときに、何を頼めるのか確認することと併せて、相続財産になりそうな物や貴重品の選定などを頼めるのかも聞いてみるとよいだろう。

なお、相続人が遺品整理に着手すると、単純相続とみなされて、相続放棄をできなくなる場合がある。マイナス資産が多く相続放棄する可能性があれば、業者を手配する前に弁護士や税理士に相談することをお勧めする。

第6章

法的観点から見た「家じまい」

1．法律面からも「家じまい」は必要

ここまで、「家じまい」の必要や効用について説明をしてきた。あえて総花的な観点で、主に不動産に関する知識や生活の便宜《べんぎ》、資金活用などの観点から、「家じまい」が必要であることを述べてきた。

特に住宅ローンを利用して一戸建てを購入した場合、定年時の資産構成のうち一戸建てが占める割合が極端に高くなってしまう傾向がある。現役時代は住宅ローンの支払いに苦しめられ、子どもの学費もかさんだため、貯金がろくにできていない。その結果、リタイアした後に残った資産が、住宅だけという方が多い。汗水垂らして働いた結晶が、一戸建てという不動産に一点集中で結実しているのがサラリーマン家庭の典型ではないだろうか。

とかく一戸建てを選択する方は、マンションを選択する方に比べてこだわりが強い傾向があり、凝《こ》った設計や豪華な内装にするなど高額な家を建てる結果、無理をしてしまう方もいると聞く。

繰り返しになるが、子どもが巣立った後、お荷物になった一戸建てを処分することによって、老後のキャッシュフローを生み出すのが「家じまい」である。資産は持っているだけではだめで、有効活用してこそ意味がある。現状に合わなくなった一戸建てを所持し続けるのではなく、換金して

その売却代金を必要なものに充当していくべきであるというのが、「家じまい」の理念である。

ファイナンシャルプランナーなど家計に関するアドバイスをする方と話をしていて、「家じまい」の必要性を訴えると、賛同していただくことが多い。なるほど確かに一戸建てを処分することで、シルバー世代は一気にキャッシュリッチになるはずなので、老後に必要なものにお金を使うことができる。資産構成が偏っていて、フローが潤沢でないと、老後も安心して過ごせない。「家じまい」の概念をもっと広げていくことで、シルバーマーケット全体が活況に沸くのではないか。シルバーマーケットのプレーヤーとしては、医師や葬儀業者、不動産業者、老人ホーム関係者などが挙げられる。「家じまい」の話をすると、シルバーマーケットのプレーヤーのなかには、「家じまい」の持つ潜在的な可能性について興奮を覚える方すらいる。

ワーキングプアなどといわれる若者がたくさんいる一方で、高齢者ばかりが資産を持っている。高齢者に対してお金を使うように迫るという意味では、相続税も高齢者がため込んだ資産を社会に還流させる役割を担う。教育資金の一括贈与なる制度も、資産を持つ高齢者が子育て世代の資金難を救済する意味を持つ。

また、資産を持つといっても、利用されていない死んだ資産では意味がない。担保にしてお金を借りて運用ができるか。他人に貸して賃料をもらうことができるか。いざとなったときにすぐに換金できるか。実際に有効に使っているか。「家じまい」は有効活用されなくなった実家の一戸建てを換金して、必要な支出に充てて生活をより豊かにしていくもの。実家の一戸建てを売却することによって、それまで滞留していた資産価値が一気に現実化する。ダムが決壊したかの如く、大量の水が堰《せき》を切ったように流れ出す。

「家じまい」の意義自体は誰に話しても共感を得られることが多いのだが、今まで本書のなかで説明した理由以外に、実は、純粋に法律面からしても「家じまい」が必要なのである。法律面からの説明になってしまうと、場合によっては難解で、読者にとって退屈に見えてしまいかねない。

だからこそ、「家じまい」の話を総花的に展開してきたのだが、弁護士・税理士として、「家じまい」の必要性を説いておく必要もあろうかと考える。著者の立場からならではの「一戸建て地獄」の問題点を最後に提示することによって、「家じまい」が法律家からもお勧めの解決方法であることをご理解いただきたい。ファイナンシャルプランナーでもなく、不動産業者でもない著者が、弁護士・税理士としての立場から独自の視点で、「家じまい」の必要性を訴えるのは、なぜなのか。

この最終章では、すでに論じているものも含めて、「家じまい」の必要性を法律家の観点から説明してみたい。

2. 遺産分割時に分割しやすくなる

(1)不動産は生活の基盤、人生が決まる

不動産は遺産分割において、重要な相続財産になる。相続財産の約半分が不動産であるというデータもあるくらいなので、価値が高い不動産をめぐって相続人のうち誰が相続するかは、遺産分割での損得に直結する。

誰もが相続したがる不動産であるが、経験上、意外にも相続人が誰も不動産を相続したがらず押し付け合う結果になってしまうこともある。特に実家の一戸建ての場合が多い。

なぜ実家の一戸建ては、誰も相続したがらないのか？　理由は不動産の個性に関係している。不動産は生活に密接した財産で、個性が非常に強い。衣食住というが、住に密接に関連し、住そのものといってもよい。どの不動産を持っているかによって、住が決まり、すなわち生活の基盤が決まる。人生そのものが決まる。不動産によって人生が縛られるといっても過言ではない。

(2)東京一極集中の結果、実家の不動産はお荷物に

東京に出て20年。今さら、父親が残した地方都市の一戸建てを相続するわけにはいかない。即座に売却するのであればともかくとして、遠く離れた実家の一戸建てを相続したがらないのは、当然のことなのだろう。被相続人と同居していたり、被相続人の近所に住んでいた相続人がいたりする

場合、不動産を相続する相続人はおのずと決まることが多い。逆に、縁もゆかりもなくなってしまった土地に建つ一戸建てを相続したがる相続人は多くはない。

問題となる典型的なケースとして、地方から東京に出てきた相続人が、実家の一戸建てをどう相続するか、もっと言えば、どうやって相続しないで済ませるか、という悩みを抱えているものがある。

東京一極集中が進んだ結果、実家に残っている兄弟姉妹はおらず、全員が都内在住で、実家の一戸建てを押し付け合っているケースもある。今の住環境や生活環境を捨てるわけにもいかず、セカンドハウスとして地方都市の実家一戸建てを管理していく経済的余裕もない以上、実家の一戸建ては不要な不動産となってしまうのだ。

(3)個性満載の結果、売りにくく貸しにくく、相続されにくい

リフォームをする際に、一戸建ての方がマンションよりも自由度が高いといわれる。排水管の位置をずらすことができず、隣接階や隣戸との関係で構造上の制約が出てしまうマンションに対して、一戸建てはすべてが自由に設計できる。もちろんコストの問題はあるものの、必要があれば排水管の位置の変更もできる。

リフォームだけではなく、新規に購入する場合も同様で、マンションは既製品を購入することになる。オーダーメードといってもせいぜい壁紙やタイルの色、素材の選定くらいしか自由演技はで

きず、誂《あつら》え済みのものを購入することになる。

一戸建てはすべてが自由設計で、こだわる人は年単位で計画を立てて時間をかける。フルオーダーなので、施主の個性が出てしまうこともある。個性が強ければ強いほど、施主以外の者にとっては受け入れがたいものになる。

近隣住民との間で裁判沙汰になったまことちゃんハウスの例をみても、施主のこだわりも度が過ぎると他の人には歓迎されないことがわかる。マンションのような万人に受ける規格品の方が、処分可能性という意味では優れているといえるだろう。

売り出したり、貸し出したりする場合に、買主や借主が見つかるまでの期間は、一戸建ての方がマンションに比べてかなり長くなる。マンションはあくまでも空間が取引対象になっていて、壁紙などを取り換えれば前の居住者の痕跡はリセットされた感覚になりやすい。

対して一戸建ては、前の居住者の痕跡を完全には払拭《ふっしょく》しにくい。父親の個性が満載の一戸建ては、不思議と相続人も敬遠する傾向にある。プール付き、カラオケルーム付きの大豪邸でさえも。維持管理の負担を考えると納得できる話だ。親世代にとってのこだわりのポイントは、必ずしも子世代にとってありがたいものではない。

自分で使うのにも躊躇を覚え、売却や貸し出しもしにくい。使用、収益の両方が見込めない不動産であれば結果的に、一戸建てが相続において不人気であるのも、むべなるかな。マンションに比べて一戸建てが明らかに不人気であるのは間違いがない。

(4)もらいたくない、売るに売れない

このように実家の一戸建ては相続人間でも不人気である。

不人気ゆえの問題もある。

一戸建てを相続したくないとすれば、他の財産を相続することで調整をすることになる。しかし、住宅ローンを利用して購入した一戸建ての場合、定年まで負担の大きいローンを払い続けてきたために、定年時点での財産構成において一戸建てがほとんどを占めることも珍しくない。定年後は年金暮らしになるが、貯金をする余裕などない。結果的に、相続財産が実家の一戸建てのみということにもなりかねない。

実家の不動産1件のみが相続財産の場合はどうなるのか。他に財産がないのだから、誰が相続するのか、どのように評価するのかなど、分け方でもめることになる。欲しいという相続人がいないこともあるが、売却して現金化して分けるにしても、簡単に売却はできない。

日本全体の不動産の価格があまねく上がっていった時代は過ぎた。決して二度と来ないだろう。不動産は二極化の様相を極め、勝ち組と負け組に分かれる。都心の不動産の価格が上がることはあるかもしれないが、地方都市の不動産の価格は下がる一方だ。高値掴みしてしまった不動産を売却

するのは大変である。査定価格を確認するも、この不動産がこんな価値であるはずはないといきんで高く売り出す。買い手は一向に現れない。待てど暮らせど問い合わせは1件もない。自分が買ったときの値段はこれくらいなのだからと、購入価格の呪縛から逃れられない。結局は売り切れない。

(5)実家不動産の共有を回避せよ

相続財産が実家の一戸建てしかない。住宅ローンを組んで一戸建てを購入した場合には、よくある話だ。現役時代はローンの返済で精一杯であり、預金する余裕はなかった。定年後は年金暮らしで預金どころではない。そうなると、残る財産は実家の一戸建てだけということになるのだ。

相続人の誰かが実家の一戸建てを引き受けようとしたとしても、その相続人に代償金を支払うだけの資力がないのであれば、相続人全員で実家の一戸建てを共有することになる。

また、安易な気持ちでとりあえず共有にしてしまうケースもある。誰が実家の一戸建てを相続するのか結論が出ない。実家の一戸建ての価格をどのように評価するのか合意が得られない。実家の一戸建て以外の財産の分け方についても合意が得られない。こうした問題が山積して、相続人間の話し合いがまったく進まないこともあろう。結果、法定相続分に応じた持分による共有として、ひとまず片付けてしまおうと考えるのだ。

共有とは、各々が自身の持分割合の範囲で所有権を持つことをいう。つまり、一つの不動産を各々の持分という割合で複数の共有者が持ち合う状態のことである。共有状態の不動産は、相続で取得した土地や建物に多い。なかには、遺産分割が未了であるために被相続人名義のままで放置されているものもあり、この状態も共有になる。

共有というと、共有者である相続人が各々の持分で、仲良く所有しているというイメージを抱くかもしれないが、実際には非常に厄介な状態なのである。

原則、共有者は共有不動産の全部について、その持分に応じて使用することができるが、他の共有者全員あるいは過半数の同意が得られなければ、できないこともある。家屋の大規模改造や建替え、賃貸借契約の締結などについては、単独ではできないのだ。詳しく見てみよう。

まず共有物の管理行為は、共有者の持分価額の過半数で決して行わなければならない。

管理行為とは、利用行為、改良行為、保存行為の総称である。利用行為は、共有物の賃貸借契約の締結など、共有物の収益を図る行為をいう。改良行為とは、共有土地の地ならしなど、財産の性質を変えない範囲で共有物の価値の増加を図る行為をいう。保存行為とは、共有家屋の修繕や消滅時効の中断など、共有物の現状維持を図る行為をいう。もっとも、管理行為のうち保存行為については、各共有者に対する影響がそれほど大きくないため、各共有者が単独で行うことができる。

次に共有物の変更行為や処分行為は、共有者全員の同意がなければ行うことができない。

変更行為・処分行為とは、家屋の取り壊し、大規模改造、新築への建替え、共有不動産全体の売却など、共有物の性質もしくは形状またはその両者を変更する行為のことである。共有不動産を担保としてお金を借りることも処分行為といえるため、共有者全員の合意が必要となる。

共有物へ影響が大きく、各共有者が受ける利害が甚大である変更行為・処分行為は、共有者全員の同意がなければ行うことができない。他の共有者の同意を得ることなく、独断で実行してしまった場合、他の共有者の財産権を侵害したことになり、トラブルへと発展しかねない。

特に問題となるのは、不動産を売却するときである。

不動産を売却するには、共有者全員の合意が必要で、文字通り「全員」であるから、一人でも売却に反対すると売却することができない。もちろん自分の持分だけであれば売却することはできるが、そのような「面倒な不動産」を買いたがる人はいないのが現実だ。自由に処分することができない財産を誰がほしがるだろう。たとえ買い手が現れたとしても、徹底的に買い叩かれるだろう。また、共有者が相続人同士でも争いが生じるのだから、まったく関係ない第三者が共有者として介入してくることになれば、トラブルにならないはずがない。

共有状態が続くと、相続人同士での協議が必要である状態が続く。利用行為や改良行為は過半数の賛成で決することができるが、前提として共有者全員での協議は必要とされている。共有者間での協議を省略しては、結局は何もすることができないのだ。日頃から交流のある相続人間であればよいが、まったくコミュニケーションがとれない相続人と協議しなければならないとなると、その協議が難航するのは容易に想像できる。

以上をまとめると、一つの共有不動産に対して何らかの処分をする場合、単独でも行うことができる事項や持分の過半数の合意が必要である事項、共有者全員の合意が必要な事項が、それぞれ事細かく決まっている。共有持分を所有しているといっても、処分の自由度としてはかなり制限のある状態なのだ。このことから、不動産を相続する際、共有にすることだけは避けるべきだといえる。いざ何かしようと思っても、自分一人で行うことができるのはごくわずかなことであり、せっかく所有している不動産を有効に活用することができなくなってしまう。

また、共有状態のままで、さらなる相続が発生してしまうと、余計に面倒なことになる。共有者に相続が発生すると、さらに共有者が増えてしまうからだ。処分の難しさや次の代の相続のことを考えると、共有は避けるべきであることがわかるだろう。

共有を避けるためには例えば、親の世代が実家の一戸建てを売却してマンションを複数購入し、各不動産を各相続人が相続できるようにしておく必要がある。あるいは、換価しやすいマンションを複数購入し、相続が発生したら換価分割できるようにしておくべきであろう。

「家じまい」をすることで、実家の一戸建ての共有を避けることができるのだ。

3. マンションに買い替えた方が相続税で有利

(1)本当に使えるのか？　小規模宅地等の特例

相続税の申告において不動産は有利である。日本において富裕層の資産構成が不動産に偏る原因となっているともいわれるのが、不動産所有者に有利な相続税制だ。そして、実家の一戸建てに絡んで、有効な相続税制が「小規模宅地等の特例」である。

小規模宅地等の特例とは、相続人の生活基盤となる宅地について、高額な相続税がかからないように、一定の条件を満たす場合には、相続や遺贈で取得した土地の評価額を最大80％減額することができるという特例である。

土地は相続財産の大部分を占めるものであり、高価なものなので、それなりの金額の相続税が発生してしまう。せっかく実家の不動産を相続しても、高額な相続税を支払うことができず、相続税の支払いのためにその実家不動産を手放さざるを得ないということになっては、実家不動産を相続した意味がなくなってしまう。実家不動産以外に目ぼしい相続財産がない場合においては、予期せず発生した相続により、相続人らの生活を脅《おびや》かされることになりかねない。

このような事態に陥らないために、一定の条件を満たす場合には「土地の評価額を80％減額する」という小規模宅地等の特例が存在するのだ。

小規模宅地等の特例の対象となるのは、相続人が相続または遺贈によって取得した財産のうち、相続開始の直前において、被相続人が居住用または事業用に使用していた宅地である。被相続人が所有していた土地であれば何でも対象となるわけではないので注意が必要だ。何はともあれ、一定の条件を満たせば、土地の評価額を80％減額することができるわけだ。

このように、小規模宅地等の特例は一見、お得な制度のようにも見える。土地の評価が80％も評価減になるのだから、破格の扱いではないだろうか。小規模宅地等の特例を利用することで、本来はかかるはずであった相続税をかからなくすることも可能である。むしろ小規模宅地等の特例を利用したにもかかわらず、なお相続税がかかってしまう家庭はよほどの大金持である、とさえ言われている。

ただしこの小規模宅地等の特例であるが、注意が必要である。

確かに小規模宅地等の特例が利用できれば、相続税はかからないか、かかっても大幅に減額できる可能性がある。しかし、問題は利用できる条件である。先ほど述べた通り、小規模宅地等の特例の適用を受けるためには「一定の条件」を満たす必要がある。被相続人が使用していた土地をどのような関係性の相続人が相続するかによって、その条件が異なるのだ。

つまり、誰もが同じ条件で小規模宅地等の特例の適用を受けられるわけではない。相続開始の直前において、被相続人等の居住の用に供されていた宅地等で、相続人が相続または遺贈により取得したもの（特定居住用宅地等）に関する条件について見てみよう。ちなみに、この場合、小規模宅地等の特例を適用すると、宅地のうち330㎡の部分について評価額を80％減額することができる。

まず、被相続人の配偶者が特定居住用宅地等を相続する場合、その他の要件は一切必要なく、相続した土地について小規模宅地等の特例を利用することができる。

次に、被相続人と同居していた相続人が特定居住用宅地等を相続する場合には、同居していた宅地等を申告期限まで継続保有し、かつ、申告期限まで継続して居住用に使っていた場合に限り、小規模宅地等の特例を利用することができる。

被相続人に配偶者または同居の親族がいない場合には、相続開始前3年以内に日本国内にある自己または配偶者の所有する家屋（持家）に居住したことがない相続人が特定居住用宅地等を相続し、相続開始時から申告期限まで継続保有している場合に限り、小規模宅地等の特例を利用することができる。

次頁の【図表13】に、この小規模宅地等の特例をまとめた。住宅地以外については、ここでは説明を省く。

このように、小規模宅地等の特例は、親と同居している子どもが居住用土地を相続した場合や、

［図表13］小規模宅地等の特例

	居住用宅地
取得した土地	被相続人の居住用の土地
取得者と適用要件	配偶者 ⇒ 無条件
	被相続人と同居していた親族 ⇒ 申告期限まで、所有＆居住の継続
	被相続人と同居していなかった親族 ⇒ 相続開始前３年以内に持ち家に居住していないこと ⇒ 相続の申告期限まで、所有していること
限度面積	330㎡
減額割合	80%

親と別居していて自分の家を所有していない子どもが実家の居住用土地を相続した場合に、初めて適用されるものなのである。

加えて、相続した後も一定期間、売却をしてはいけないなどの制約がある。こうした条件を検討すると、小規模宅地等の特例を利用できる場面はかなり限定的であることがわかるだろう。

つまり小規模宅地等の特例は、属人的要素が加味されて、適用の可否が決まるものである。結果、誰が実家の一戸建てを相続するかによって、特例の適用可否が変わる。

実家の一戸建てについては、そもそも子どもが全員、親と住んでいない場合もある。子どもが誰一人として親と一緒に住んでいなかった場合、実家の一戸建てを相続した子どもがもともと自分の家を持っていると、小規模宅地等の特例は使えない。自分は家を持っていなくても、配偶者が家を持っていても、小規模宅地等の特例は使えない。

さらに限度面積の問題もある。小規模宅地等の特例が適用されるのは一定の面積についてのみで、土地全体に対して評価減の効果を受けられるではなく、80％の評価減となるのは宅地のうち330㎡、つまり約100坪のみなのだ。

相続税対策を紹介する書籍などで利便性が強調される小規模宅地等の特例であるが、実は万能ではないことがわかるだろう。

小規模宅地等の特例の適用を目的にライフスタイルを変えて、親との同居を始めた、持ち家を売却したなどという話も聞いたが、本末転倒かと思う。特にライフスタイルそのものに関わる住居や居住地は、仕事や子どもの教育環境にも影響を与える。

また、遺産分割協議が紛糾し、納税期限内に成立しなかった場合には、小規模宅地等の特例などの各種特例を適用することができない。加えて、相続人間でお荷物となった実家の一戸建てを押し付け合っていたり、実家の一戸建てを売却しきれないうちに、相続税の申告期限が訪れる。相続税の申告は被相続人が死亡したことを知った日の翌日から10カ月以内に行う。通常は相続開始の翌日から10カ月以内ということになろう。遅れは許されない。

実家の一戸建てが相続財産に含まれるが故に、なおさらスムーズに遺産分割協議が進まない。遺産分割が成立しないと、相続税申告時に特例を適用することができないのだ。

特例の恩恵を受けるためには、申告書を期限内に提出する必要がある。遅れれば土地の評価減が受けられずに、経済的負担が大きくなる。

小規模宅地等の特例は、そもそも適用できるかが不確定で、適用できる条件を満たしていたとしても、期限内に申告書を提出することができなければ恩恵がそもそも受けられないものである。

以上のように小規模宅地等の特例は、どのような場面でも常に適用できる特例ではなく、節税効果を確実に期待することはできない。

(2)マンションなら節税効果が即確定

ちなみにマンションはどうか？

マンションの場合でも土地の持分割合について小規模宅地等の特例の適用を検討することができる。小規模宅地等の特例は、一戸建てに限定した話ではなく、不動産の土地部分に関する評価減の特例なのである。

もっともマンションの場合は、小規模宅地等の特例を検討する必要性が乏しい。そもそもマンションの各専有部分の所有者が持つ敷地権割合は、マンションが建つ敷地に対して極々わずかなものにとどまる。居住者が多いからである。

だからこそタワーマンション節税なるものが謳《うた》われたわけで、タワーマンションは決してそこまで広くはない底地と、高層マンションにひしめき合う数多《あまた》の各専有部分所有者という要素の相乗効果により、各専有部分所有者の敷地権割合が極少になる。購入価格と固定資産税評価額の差が大きい高層階の部屋を購入すると、時価と比べた評価額が極めて割安となることで、より有利となる仕組みである。

ただし低層マンションでも、数十戸程度が入居していれば、それだけでも敷地権割合は相当小さくなる。そもそもマンションは土地の評価について非常に有利になっているのだ。

マンションについては所有した瞬間に評価減を受けることは確定する。マンションが有利なのは相続税対策においてのみならず、毎年の固定資産税額にも影響するのでお得である。相続時にどの相続人が相続しようと、属人的要素で評価減を受けられたり受けられなかったりというリスクはない。マンションにおける評価減を考慮する際に「一定の条件」というような縛りはないのだ。

もちろん遺産分割で紛糾することによって、申告書の提出が期限に間に合わないこともあるが、マンションの評価方法はそもそも特例ではないので、徒過《とか》によって特例を受けられなくという問題はない。マンションを所有しているというだけで自動的に評価減となるのであるから、確実な節税対策といえるだろう。

法律家からすると、一戸建ての相続において有利な制度であるとして紹介される小規模宅地等の特例も、マンションの敷地権割合についての評価減に比べると、はるかにインパクトが小さいのである。

不動産が絡む相続を多く取り扱うなかで、相続後の一戸建ての行方が問題になることをしばしば実感している。

本書では設定状況をわかりやすくするために、地方出身者の実家の一戸建てを例に挙げている。しかし高級住宅地とされる東京都世田谷区の一戸建てといえども、相続したがらない相続人もいる。都心志向が高まっているうえに、実家の一戸建てにまつわる問題の本質は、地方都市であろうと、東京であろうと変わりはないからである。

不動産実務の実態を踏まえつつ、法制度からも「家じまい」の必要性を提唱した。

一戸建て派とマンション派は、神学論争のように根深い議論を重ねてきている。住み心地はどうか。将来の資産価値はどうか。換価可能性はどうか。不動産専門家の見解は百家争鳴《ひゃっかそうめい》の乱立ぶりである。「家じまい」の意義は一戸建て派にとって、マンション派による言いがかりとして片付けられる可能性もある。

しかし「家じまい」はその実、法律的に見ても有用である。

マンション販売業者ではない法律家が、実家の一戸建てに孕《はら》む危険性を客観的に指摘する点は、重く受け止められるのではないか。ローンで一戸建てを建てた中高年やご家族には一度、真剣に検討してほしい議題である。

おわりに

締め切ったシャッターが並ぶ商店街。路上に放置されたままの壊れたソファ。人影はまばらで、子どもはいない。

かつてドラマの舞台になり、憧憬のベッドタウンとして賑わった東京郊外の某ニュータウン。もの悲しい名曲のイメージ漂うこの街に、廃墟マニアが押し寄せる。

空き家問題は今や、人口減が続く地方だけのものではなく、東京、名古屋、大阪の3大都市圏郊外でも深刻化している。

郊外住宅地では、どこの家も瀟洒《しょうしゃ》なつくりで、かなり広めの庭があり、近所には公園や学校がある。その多くが開発による宅地造成によってできたため、鉄道沿線の駅からバスや徒歩で10〜15分ほどの小高い丘の一角にある。

「○○が丘」と呼ばれるこうした住宅地は、首都圏郊外に何カ所もあるが、そこで空き家が増えている。開発から30～40年もたった今、空き家でなくても、そこで暮らすのは老夫婦がほとんど。子どもたちはすでに成人して家を出てしまっている。

こうした老夫婦二人暮らしの住宅地で目立つのは、デイサービスの車である。かつては子どもたちが駆け回っていた住宅地のなかを、今や送迎車のハイエースがゆっくりと巡回している。

１９６０年代から開発されたニュータウンは、高度経済成長期のシンボルであり、都心勤務のホワイトカラー・サラリーマンと専業主婦の核家族が移り住んで、〝郊外神話〟を生み出した。しかし、時間の流れは残酷で、２０００年代以降になると売り家が目立ち、持ち家の賃貸転用も増えた。買い手や借り手がつかない住宅が、空き家として放置され始めた。

空き家になる前には「一戸建て地獄」の状況があったはずだ。耐え切れなくなった人から、生活に便利な都心部のマンションや、高齢者向け集合住宅などへの住み替えが起こった。住宅街はくしの歯が欠けたようになり、現状に至る。

持ち家の資産価値は、時間が経てば経つほど下がる。

木造建築の日本では、家屋の資産価値はほとんどない。一戸建ての場合、築25年以上で家屋の資産価値はゼロになる。

大都市の都心部などを除き下がり続けている地価が、再び上がることは、まずない。

「マイホーム時代」は完全に終わった。

低金利でも若い世代はマイホームを購入しない。各種アンケートでも「将来的にマイホームを購入したい」人が大幅に減少している。

こうなると、高齢者にとってはもちろん高齢者予備軍にとっても、できるだけ早いうちに一戸建て住宅を処分＝「家じまい」して、老後に備える生き方が賢明である。ババ抜きではないが、押し付ける相手である買い主が現れにくい以上、残された猶予はない。

〽土曜の夜と日曜の貴方《あなた》がいつも欲しいから
　ダイヤル回して手を止めた
（『恋におちて』小林明子）

週休2日にスマートフォン。

不倫で苦しむ女性は今も多いが、昭和は完全に終わった。

「マイホーム時代」もまた、終わった。完全に。

「家じまい」を決断することは、簡単ではない。人生で最高額の買い物である。子育てをし、家庭を築くために、給与の大部分を投じた。変化を嫌う高齢者には、大変な勇気が必要であろう。しかし「家じまい」は決して、後ろ向きなものではない。むしろ、幸せなセカンドライフを築くために必要な準備である。

読者の皆様に幸せなセカンドライフが訪れることを願ってやみません。

2017年10月

弁護士・税理士　長谷川裕雅

老後《ろうご》をリッチにする家《いえ》じまい
——一戸建《いっこだ》て、売《う》り逃《のが》したら負動産《ふどうさん》

二〇一七年一〇月二五日　初版第一刷発行

著　者　長谷川《はせがわ》裕雅《ひろまさ》

発行人　永田和泉

編　集　木村健一

発行所　株式会社イースト・プレス
〒一〇一―〇〇五一
東京都千代田区
神田神保町二―四―七　久月神田ビル
電　話　〇三―五二一三―四七〇〇
ＦＡＸ　〇三―五二一三―四七〇一
http://www.eastpress.co.jp/

印刷所　中央精版印刷株式会社

ISBN978-4-7816-1597-4